缙云迎罗汉

缙云迎罗汉

总主编 金兴盛

浙江省非物质文化遗产代表作丛书

浙江摄影出版社

杜新南 主编

蔡银生 王德洪 编著

总 序

中共浙江省委书记
省人大常委会主任　夏宝龙

　　非物质文化遗产是人类历史文明的宝贵记忆，是民族精神文化的显著标识，也是人民群众非凡创造力的重要结晶。保护和传承好非物质文化遗产，对于建设中华民族共同的精神家园、继承和弘扬中华民族优秀传统文化、实现人类文明延续具有重要意义。

　　浙江作为华夏文明发祥地之一，人杰地灵，人文荟萃，创造了悠久璀璨的历史文化，既有珍贵的物质文化遗产，也有同样值得珍视的非物质文化遗产。她们博大精深，丰富多彩，形式多样，蔚为壮观，千百年来薪火相传，生生不息。这些非物质文化遗产是浙江源远流长的优秀历史文化的积淀，是浙江人民引以自豪的宝贵文化财富，彰显了浙江地域文化、精神内涵和道德传统，在中华优秀历史文明中熠熠生辉。

　　人民创造非物质文化遗产，非物质文化遗产属于人民。为传承我们的文化血脉，维护共有的精神家园，造福子孙后代，我们有责任进一步保护好、传承好、弘扬好非物质文化遗产。这不仅是一种文化自觉，是对人民文化创造者的尊重，更是我们必须担当和完成好的历史使命。对我省列入国家级非物质文化遗产保护名录的项目一项一册，编纂"浙江省非物质文化遗产代表作丛书"，就是履行保护传承使命的具体实践，功在当代，惠及后世，有利于群众了解过去，以史为鉴，对优秀传统文化更加自珍、自爱、自觉；有利于我们面向未来，砥砺勇气，以自强不息的精神，加快富民强省的步伐。

党的十七届六中全会指出，要建设优秀传统文化传承体系，维护民族文化基本元素，抓好非物质文化遗产保护传承，共同弘扬中华优秀传统文化，建设中华民族共有的精神家园。这为非物质文化遗产保护工作指明了方向。我们要按照"保护为主、抢救第一、合理利用、传承发展"的方针，继续推动浙江非物质文化遗产保护事业，与社会各方共同努力，传承好、弘扬好我省非物质文化遗产，为增强浙江文化软实力、推动浙江文化大发展大繁荣作出贡献！

（本序是夏宝龙同志任浙江省人民政府省长时所作）

前 言

浙江省文化厅厅长　金兴盛

要了解一方水土的过去和现在，了解一方水土的内涵和特色，就要去了解、体验和感受它的非物质文化遗产。阅读当地的非物质文化遗产，有如翻开这方水土的历史长卷，步入这方水土的文化长廊，领略这方水土厚重的文化积淀，感受这方水土独特的文化魅力。

在绵延成千上万年的历史长河中，浙江人民创造出了具有鲜明地方特色和深厚人文积淀的地域文化，造就了丰富多彩、形式多样、斑斓多姿的非物质文化遗产。

在国务院公布的四批国家级非物质文化遗产名录中，浙江省入选项目共计217项。这些国家级非物质文化遗产项目，凝聚着劳动人民的聪明才智，寄托着劳动人民的情感追求，体现了劳动人民在长期生产生活实践中的文化创造，堪称浙江传统文化的结晶，中华文化的瑰宝。

在新入选国家级非物质文化遗产名录的项目中，每一项都有着重要的历史、文化、科学价值，有着典型性、代表性：

德清防风传说、临安钱王传说、杭州苏东坡传说、绍兴王羲之传说等民间文学，演绎了中华民族对于人世间真善美的理想和追求，流传广远，动人心魄，具有永恒的价值和魅力。

泰顺畲族民歌、象山渔民号子、平阳东岳观道教音乐等传统音乐，永康鼓词、象山唱新闻、杭州市苏州弹词、平阳县温州鼓词等曲艺，乡情乡音，经久难衰，散发着浓郁的故土芬芳。

泰顺碇步龙、开化香火草龙、玉环坎门花龙、瑞安藤牌舞等传统舞蹈，五常十八般武艺、缙云迎罗汉、嘉兴南湖掼牛、桐乡高杆船技等传统体育与杂技，欢腾喧闹，风貌独特，焕发着民间文化的活力和光彩。

永康醒感戏、淳安三角戏、泰顺提线木偶戏等传统戏剧，见证了浙江传统戏剧源远流长，推陈出新，缤纷优美，摇曳多姿。

越窑青瓷烧制技艺、嘉兴五芳斋粽子制作技艺、杭州雕版印刷技艺、湖州南浔辑里湖丝手工制作技艺等传统技艺，嘉兴灶头画、宁波金银彩绣、宁波泥金彩漆等传统美术，传承有序，技艺精湛，尽显浙江"百工之乡"的聪明才智，是享誉海内外的文化名片。

杭州朱养心传统膏药制作技艺、富阳张氏骨伤疗法、台州章氏骨伤疗法等传统医药，悬壶济世，利泽生民。

缙云轩辕祭典、衢州南孔祭典、遂昌班春劝农、永康方岩庙会、蒋村龙舟胜会、江南网船会等民俗，彰显民族精神，延续华夏之魂。

我省入选国家级非物质文化遗产名录项目，获得"四连冠"。这不仅是我省的荣誉，更是对我省未来非遗保护工作的一种鞭策，意味着今后我省的非遗保护任务更加繁重艰巨。

重申报更要重保护。我省实施国遗项目"八个一"保护措施，探索落地保护方式，同时加大非遗薪传力度，扩大传播途径。编撰浙江非遗代表作丛书，是其中一项重要措施。省文化厅、省财政厅决定将我省列入国家级非物质文化遗产名录的项目，一项一册编纂成书，系列出版，持续不断地推出。

这套丛书定位为普及性读物，着重反映非物质文化遗产项目的历史渊源、表现形式、代表人物、典型作品、文化价值、艺术特征和民俗风情等，发掘非遗项目的文化内涵，彰显非遗的魅力与特色。这套丛书，力求以图文并茂、通俗易懂、深入浅出的方式，把"非遗故事"讲述得再精彩些、生动些、浅显些，让读者朋友阅读更愉悦些、理解更通透些、记忆更深刻些。这套丛书，反映了浙江现有国家级非遗项目的全貌，也为浙江文化宝库增添了独特的财富。

在中华五千年的文明史上，传统文化就像一位永不疲倦的精神纤夫，牵引着历史航船破浪前行。非物质文化遗产中的某些文化因子，在今天或许已经成了明日黄花，但必定有许多文化因子具有着超越时空的生命力，直到今天仍然是我们推进历史发展的精神动力。

省委夏宝龙书记为本丛书撰写"总序"，序文的字里行间浸透着对祖国历史的珍惜，强烈的历史感和拳拳之心。他指出："我们有责任进一步保护好、传承好、弘扬好非物质文化遗产。这不仅是一种文化自觉，是对人民文化创造者的尊重，更是我们必须担当和完成好的历史使命。"言之切切的强调语气跃然纸上，见出作者对这一论断的格外执着。

非遗是活态传承的文化，我们不仅要从浙江优秀的传统文化中汲取营养，更在于对传统文化富于创意的弘扬。

非遗是生活的文化，我们不仅要保护好非物质文化表现形式，更重要的是推进非物质文化遗产融入愈加斑斓的今天，融入高歌猛进的时代。

这套丛书的叙述和阐释只是读者达到彼岸的桥梁，而它们本身并不是彼岸。我们希望更多的读者通过读书，亲近非遗，了解非遗，体验非遗，感受非遗，共享非遗。

2015年12月20日

目录

序言 // PREFACE

　　乡土文化是民族得以繁衍发展的精神寄托和智慧结晶，是民族凝聚力和进取心的重要动因，是不可替代的无价之宝！

　　作为千年古邑，缙云乡土文化源远流长。深厚悠久的历史积淀，勤劳智慧的乡风民俗，造就了蕴藏丰富、品类繁多的非物质文化遗产，如缙云迎罗汉、张山寨七七会、缙云钢叉舞等。这些非物质文化遗产具有深厚的历史渊源和世代相承的文化传统，是蕴含民众特有的精神价值、思维方式和文化意识的重要载体。

　　缙云迎罗汉作为国家级非物质文化遗产项目，是一种集武术、民俗于一体的民间游艺表现形式，彰显着千百年来地方历史的变迁，承载着劳动人民不断创造和发展的历史记忆，具有很高的民俗研究和历史研究价值。本书以迎罗汉丰富的文化联系为切入点，生动地将民间信仰、民间故事和地方风俗展示给读者，饱含着鲜明的地方特色和深厚的文化内涵。

迎罗汉是缙云乡土文化的一面旗帜、一块瑰宝。希望通过对以迎罗汉为代表的非物质文化遗产的传承、保护和发展，唤起人们对美丽乡愁的眷恋，掀起乡土文化复兴的浪潮，为缙云打造"中国乡愁旅游先行区"提供强大助力。

是为序。

中共丽水市委常委、缙云县委书记　朱继坤

2016年10月

一、概述

随着历史的演变，缙云罗汉班表演节目逐渐程式化、娱乐化，一般在每年的庙会、寺庙开光或有重大节庆活动时举行。

一、概述

[壹]迎罗汉产生的背景

（一）地理风貌

缙云，隶属浙江省丽水市，位于浙江南部腹地、丽水东北部，距杭州175公里。东临仙居县，东南靠永嘉县，南连青田县，西接丽水市，西北界武义县，东北依磐安县，北与永康市毗邻。总面积1503.52平方公里，辖九镇十五乡六百四十二个行政村。

缙云县地处武夷山—戴云山隆起地带和寿昌—丽水—景宁断裂带的中段，是八山一水一分田的山区县。东半部群峰崛起，地势高峻，海拔千米以上的山峰有三百四十三座。南部的大洋山主峰，海拔1500米。全县大部分属亚热带气候，四季分明，温暖湿润，日照充足。全县河流均为山溪性河流，主要有好溪、新建溪、永安溪，分属瓯江、钱塘江、灵江三个水系。

（二）自然景观

缙云县素有"黄帝缙云，人间仙都""缙云走一走，活到九十九"的民间俗语，拥有地文景观、水域风光、生物景观、天象与气候景观、遗址遗迹等优良级旅游资源单体六十六个，其中AAAAA

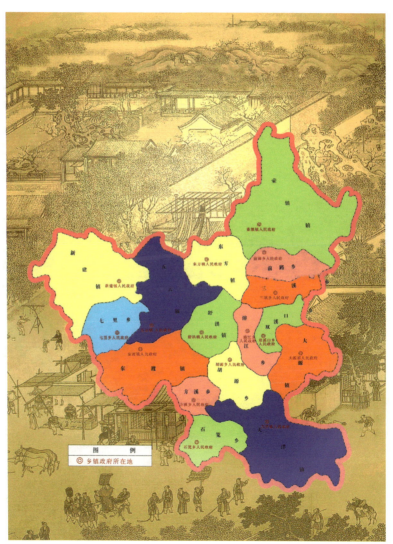

缙云县行政区域图

缙云风光

级五个，AAAA级六个，AAA级五十五个，都具有很高的旅游开发价值。仙都风景区兼具"黄山之奇、华山之险、桂林之秀"，是国家首批AAAA级旅游区、国家重点风景名胜区、国家重点文物保护单位、全国摄影创作基地和浙江省十大休闲度假胜地。河阳古民居为江南罕见的千年文化古村落，入选2012中国"十佳村镇漫游地"。

仙都风景名胜区由仙都、黄龙、岩门、大洋四大景区及鼎湖峰、倪翁洞、小赤壁、芙蓉峡、黄帝祠宇等三百多个景点组成，总面积为166.2平方公里。由于仙都历史悠久，风景秀丽，气候宜人，奇峰异石

仙都石笋

仙都一景

千姿百态，历其景者当疑入武陵之源，历代于此筑舍隐居读书、问仙求道者不乏其人，文人墨客多为仙都诸景吟诗作赋，或刻于石或载于典，为景物增色不少。

相传仙都有奇峰一百六、异洞二十七。鼎湖峰，又称"仙都石"，像一根食指直指天际，是世界最高大的柱石。相传中华民族始祖轩辕黄帝在此铸鼎炼丹后驭龙升天。唐代诗人白居易曾用"黄帝旌旗去不回，片云孤石独崔嵬。有时风激鼎湖浪，散作晴天雨点来"的诗句来描绘这一天下奇观。

（三）人文景观

1. 黄帝祠宇

黄帝祠宇，位于仙都山主峰和步虚山之间的苍龙峡口。相传此地是轩辕黄帝的行宫——三天子都所在地，是黄帝驾龙登天之处。仙都是我国南方祭祀黄帝的重要场所，黄帝祠宇是仙都景区的灵魂。

黄帝祠宇原称"缙云堂"，约建于东晋成帝咸和至咸康年间。唐天宝七年（748年），唐玄宗李隆基敕改缙云山为"仙都山"，为江南百姓祭祀轩辕黄帝的需要，定其名为"黄帝祠宇"，由李白从叔、时

黄帝祠宇

黄帝祭祀中的迎罗汉表演

任缙云县令的著名小篆书法家李阳冰撰额。后毁于战火。南宋咸淳三年（1267年）重建，占地30多亩。后又毁于明末战火。直到1998年，缙云县人民政府重建具有永久纪念性质的黄帝祠宇，恢复黄帝"北陵南祠"的格局，使仙都黄帝祠宇重新成为江南百姓祭祀黄帝的圣地。在祭祀黄帝的过程中，保留了迎罗汉表演活动。

2. 黄龙寺

黄龙寺建于唐代，梵音远播，香火不绝，为浙南名刹。宋代文人胡份，元代名臣石抹宜孙，明初名将胡大海、耿再成及农民起义领袖陈鉴湖，清代文人朱彝尊、蔡启樽、袁枚等都在此留下活动的足迹。相传很久以前，东海老龙王三太子奉命到仙都玉虚宫朝圣，见浙闽一带溪河断流、田禾枯萎、百姓苦难，遂起怜悯之心，私自降雨。上天闻知，雷霆震怒，着张天师将小太子锁在仙都附近的一块平地上，天长日久，这蛰伏盘踞的小龙就变地为山。为了纪念三太子，人们取山名为"黄龙山"。

黄龙寺

黄龙寺鸟瞰

黄龙寺，为处州北部军事要塞。历史上有三次建寨，建寨人一为唐末处州刺史施坚实，二为元明之际元将林彬组和明将胡大海、耿再成，三为明代陈鉴湖、陶德义、叶宗留义军。明正统十四年（1449年），陈鉴湖率福建银矿矿工起义，曾驻军黄龙山。

3. 张山寨七七会

说起缙云县张山寨七七会，人们就会联想到东山大岭云遮雾罩中显灵显圣的陈靖姑。据传陈靖姑在除魔灭怪时落足于骑龙山。因她有恩于民，当地张家就献出一山给陈设庙，故此庙被称为"献山庙"。

献山庙会每年七月初七、十月十五各举办一次，活动规模宏大，

迎罗汉队伍

张山寨七七会迎罗汉场景

进香人数年年递增。早在清咸丰年间，就有四个班社在庙前斗台演出，各保均请进阵容强大的戏班，以村为单位轮流设坛迎案。民间祭拜活动更是丰富多彩，赶庙会的人波及金、温、台、丽等地，人数有三五万之多。庙会从七月初六夜间开始，从章村入东山到田洋过岩坑，南北两道，五里长岭，人群摩肩接踵，犹如蚂蚁搬家，川流不息。子夜时分，烧香的、祈福的、求签的、还愿的，把大殿挤得水泄不通。

庙前场地，各村民间表演队争相表演，抬着陈十四娘娘神龛，

张山寨七七会迎罗汉场景

案旗开路，锣鼓鸣道，棍棒大刀圈地，长幡猎猎，枪炮声声，锣鼓震天，案兵滚滚，姑娘打腰鼓、扭秧歌、撑花船、唱小曲，小伙舞龙狮、挥长旗、列方阵、叠罗汉，体现出独特的地方色彩。

[贰] 迎罗汉活动的发展

（一）何谓"迎罗汉"

迎罗汉是浙江省缙云县传统节日活动中一项集武术、民俗于一体的游艺活动。

《宋史》"本纪"载：南宋建炎三年（1129年）十一月，金兵利用宋军江防未固之时，相继攻克庐州（合肥）、建康（南京）、临安（杭州）。高宗逃亡于定海、温州、台州一带，并于"秋七月……诏

迎罗汉参阵表演，充满激情

叠罗汉（叠牌坊）

观看迎罗汉的群众

罗汉井

江、浙、闽各州县，谕豪右募民兵，据险立栅，防遏外寇"。有苏州人胡森，"从高宗南渡，迁居缙云"，他积极应召，组织青壮年，教授武术，习武自卫。因佛教自汉末传入缙云后，罗汉崇拜遍及民间，故民众称胡森教练的习武自卫队为"罗汉班"。

自宋至元、明、清，罗汉班队伍代有发展，但天下太平时期罗汉班英雄无用武之地，于是将武艺和独门功夫作为一种仪式融入传统的民间表演艺术之中，并参与一些重要的节庆活动。随着历史的演变，缙云罗汉班表演节目逐渐程式化、娱乐化，一般在每年的庙会、寺庙开光或有重大节庆活动时举行，如五月十三金竹村迎胡公、七

迎罗汉队伍

月初七张山寨献山庙会、九月初九赤岩山迎三将军等活动,均有迎罗汉表演。

　　罗汉班一般以村为单位,每班少则四五十人,多则百余人。每年迎罗汉前数月,村中推举一德高望重者,主持"结班酒",注入花名册,组成罗汉班。同时,还需筹资购买各类道具,如刀、枪、剑、棒等兵器,以及先锋、锣鼓等乐器,并专门聘请武术师傅传授十八般武艺以及迎罗汉的相关套路程式。每个庙会一般有多个罗汉班参加。

　　缙云罗汉班人员年龄不限,参加者头戴英雄帽,上身穿古代兵

张山寨七七会一景

勇套挂或白色中衫,下身着红、黄灯笼裤,腰捆大扎包,脚穿白底黑布鞋。根据分工不同,手持大刀、四门叉、钢叉、马刀、盾牌、双铜、竹叶枪、棍、棒等兵器,并有阵头旗、神幡、蜈蚣旗和鼓乐队伴随。

　　缙云罗汉班是战乱时期缙云社会生活形态的原始记录,又是和平年代缙云农耕文明发展的反映。迎罗汉表演融宗教与民俗、武术与艺术、表演与音乐于一体,声势浩大,场面热烈,表演节目动作惊险,技艺高超,造型优美,具有鲜明的地方特色。罗汉表演与宗教、

儿童参与迎罗汉

武术有千丝万缕的渊源，既有军队布阵的影子，也有武术的套路，植根于缙云农村，祈求国泰民安，风调雨顺，天下太平，规劝人们弃恶从善，改邪归正，有很强的娱乐性和教化功能。

（二）迎罗汉的地域分布

迎罗汉活动流传于缙云县大部分乡镇，表演形式、祭祀表达内容大同小异。

罗汉班在开演前都要在本村举行庄重的祭旗仪式，然后在指定地点集合，按照约定的路线，在阵头旗、神幡的带领下，伴随着先

水口村的叠罗汉表演

儿童参与迎罗汉

叠牌坊的儿童

锋、锣鼓声以一字长蛇阵进行踩街，每到一村都会选择一处宽阔场地轮番表演，表演内容主要有走阵、布阵、破阵、耍武、叠罗汉等。

迎案主事村和传统武术杂技、民俗歌舞表演队主要分布在五云镇、壶镇镇、东方镇、前路乡、舒洪镇、大源镇、溶江乡、胡源乡、大洋镇、双溪口乡等地。

（三）迎罗汉的形式

"罗汉"是神通广大者的化身，自古得到缙云百姓的崇拜，故民众尊称身强力壮、武功高强的人为"罗汉"，称习武的团队为"罗汉班"。

　　缙云迎罗汉活动始于南宋之初。据《宋史》、清康熙《缙云县志》记载，宋高宗时，防遏外寇，习武自卫，民众称村自卫队为"罗汉班"。其后迎罗汉表演形式融入传统节日、庙会等活动中，世代传承。

　　缙云民间的迎案活动遍及全县各地。据不完全统计，缙云县域内主要有正月初八壶镇镇宫前村迎包公，正月初八大洋镇外前村迎白衣丞相，二月初二前路乡水口村迎观音娘娘，五月十三壶镇镇金

男女老少齐参与

竹村、东方镇靖岳村迎关公大帝，六月初六壶镇镇岩背村、桂村迎朱相公，七月初七大洋镇前村迎三太祖公，七月初七和十月十五张山寨迎陈十四娘娘，七月十三东渡镇仓山村迎杨三舍人，八月初九东方镇胪膛、靖岳村迎胡则胡相公，九月十四横塘岸迎胡则胡相公，九月初十壶镇镇赤岩山迎三将军，十月十五县城迎城隍老爷等案会。古时当属县城十月十五迎城隍老爷规格最高、规模最大。现在，张山寨迎陈十四，胪膛、靖岳迎胡公，金竹迎关公和赤岩山迎三将军最为隆重，乡村纷纷组织案队，自觉参与，各逞技艺，场面壮观。

把对练

迎罗汉拳

板凳花

罗汉井

迎罗汉参阵

罗汉阵

耍武

叠罗汉

踩街队伍

阵头旗

迎罗汉

钢叉舞

迎罗汉队伍

参阵

小罗汉

随着社会文明脚步的进步，罗汉班也已悄悄地发生了变化。旧时组织罗汉班是为了敬佛、防盗贼及与外村外族对抗，罗汉班成员白天劳动，晚上习枪弄棒。进入新社会后，迎罗汉成了群众强身健体、休闲娱乐的一项活动。

（四）社会背景

1. 迎罗汉与黄帝文化

黄帝，相传生于姬水，故以姬姓，居于轩辕之丘，故号轩辕氏。他道德高尚，能力超群，被拥为西北游牧部族的首领。他联合炎帝，打败由蚩尤率领的九黎族的入侵，成为部落联盟的首领，称"黄帝"。而后又打败炎帝，进入黄河流域。黄帝部落定居于黄河流域后，逐渐发展起来。后来与其他部落融合，形成了中华民族，而黄帝也被称为"华夏民族的始祖"。

作为华夏民族的始祖，自古以来黄帝就受到人们的尊崇，华夏民族也往往自称为炎黄子孙。关于黄帝的传说故事，数不胜数，缙云民间就传说仙都的鼎湖峰是黄帝炼丹后驭龙升天之地。

缙云民间一直都有祭祀黄帝的传统。据史料记载，祭祀黄帝的传统可追溯至西汉。汉代在缙云就已有了封禅仪典。北宋《大平御览》引汉郭宪《洞冥记》云："太初三年（即公元前102年），东方朔从西那汗国还汉，得风声木……大如指，真可爱。缙云封禅之时，许贡其木为车辇之用……缙云之世，此树生于河洛间也。"古代天子封

缙云黄帝祠宇中的轩辕黄帝像

禅、江南一带的人们祭拜黄帝都在仙都苍龙峡口的鼎湖峰脚下。

到晋代，在此建缙云堂，作为祭拜黄帝的场所。唐天宝年间，地方官员奉旨扩建，改名"黄帝祠宇"，缙云县令李阳冰亲书"黄帝祠宇"碑，并把民间族祭上升为官府祭祀。每到重阳节，官民共祭，香火兴盛。

随着祭祀黄帝活动的开展和对黄帝文化的深入研究，缙云黄帝祠宇成为中国南方祭拜轩辕黄帝、寻根问祖的重要场所，并与陕西黄帝陵遥相呼应，形成了"北陵南祠"的格局。祭祀活动中即融入了迎罗汉表演。

2. 迎罗汉与地方信仰

（1）迎罗汉与胡公传说

胡则（963—1039），字子正。北宋缙云人。少果敢有才气。宋端拱二年（989年）考取进士，为婺州有史以来第一个取得进士功名的文人。他一生做了四十年官，历太宗、真宗、仁宗三朝，先后知浔州、睦州、温州、福州、杭州、陈州，任尚书户部员外郎、礼部郎中、工部侍郎、兵部侍郎等官职。行仁政，宽刑狱，减赋税，除弊端。明道元年（1032年），江淮大旱，饿死者众，胡则上疏求免江南各地身丁钱，诏许永免衢、婺两州身丁钱。两州之民感其德，多立祠祀之。

相传胡相公父亲胡承师是缙云县溶江乡岩坑村人，母亲应氏从永康县嫁入。应氏怀孕不久，其夫大病一场，不幸亡故，致使应氏

祭祀黄帝场面

孤苦伶仃，家境贫寒，衣食不足。临产前欲沿途行乞，回永康娘家做产。一路风餐露宿，至八月十二日中午，应氏途经仙人荟萃的仙都山时，顿觉腹中胎儿踢动，应氏坚持前行，实感体力不支，忽见前面村口有一座破庙，急忙进去稍事休息，不觉睡着。待到醒来，已是第二天清晨，应氏随即起身，挺着大肚，忍着饥渴，慢慢地翻过截脉岭，来到龟山边。这时已近中午，应氏精疲力竭，就坐在岩湖边歇脚。这一坐不要紧，不一会儿她肚子疼痛难当，全力挣扎，生下一子。情急之下，她只得自己用口咬断脐带，将小孩放入岩湖洗身。说来奇怪，整个岩湖的水一下子变成了鲜红色（且后来每年的八月十三日这一天，岩湖中的水就变成红色）。应氏把小孩洗净后，用所带的破包裹

胡公大帝庙

胡公大帝像

布将儿子包好,抱着儿子,瑟缩在路边歇息。这时,有一小孩骑着一头大水牛牧罢归去,路过此地,见应氏母子如此窘相,又见一湖红水,忙跳下牛背问明原委,遂将应氏母子轻轻扶上牛背,带回家中。这个牧童的家就在离岩湖不到两里地的靖岳村。牧童家中虽不富有,但全家仁慈,遂将应氏母子安顿在家中好生招待。不知不觉孩子满月,牧童全家与应氏母子欢欢乐乐喝起满月酒,应氏千恩万谢。酒过三巡,应氏提出要回娘家。牧童父母知道她早已思母心切,留她不住,只得给她母子选择吉日,备足干粮、衣物,依依不舍地送母子上路。

光阴似箭,一晃过了二十多年。一天,两顶官轿、几个随从来到靖岳,走进牧童家中。原来这官轿中坐的就是当年的应氏及其儿子胡则。这时胡则已经中了进士当了大官,他们是向牧童一家谢恩来的。靖岳村里的人从来没有见过这么大的官,况且他出生在这块土地,特别是闻知他为官清正,又曾奏免当地身丁钱粮,为民排忧解难,所以众议纷纷,欲在龟山旁边建起胡相公大殿,永远祭祀。胡相公知道此事后,坚拒不准。后来,人们只得在附近选了一个地点建起一座小庙,名“胡相公殿”(今犹存),同时把龟山一带取名为“胡诞地”。胡则被百姓敬若神灵,成了有求必应的活菩萨。当地人相信胡相公的根在缙云,生在靖岳“胡诞地”。不过他自幼在永康长大,后又以永康学子之名考中进士,所以人们都说胡则是永康人。为此,在缙云的靖岳一带还流传着一句"木樨花远处香，胡相公显外洋"的民谚。可尽管"胡相公显外洋"，缙云百姓却始终没有忘记胡相公是缙云人民的乡里乡亲，靖岳附近各村的男女老幼至今仍是逢年过节到"胡诞地"——胡相公殿祭祀，每年秋天步行上方岩朝拜胡相公（一去就要连去三年）。胪膛、靖岳、白竹附近二十多个村八月初九迎胡相公庙会，举办各种民俗活动，其中就有迎罗汉表演以祭拜胡公大帝。

（2）迎罗汉与陈十四传说

陈十四乃浙闽一带民间传说中的女神，她出生于福州临水三村。相传古田县洞宫山麓青亚湖被雌雄蛇妖占据，每年吞吃童男童女一对，使得四周百姓寝食不安。知县派五百名精兵围剿，仍敌不过

陈十四像

张山寨七七会上的迎罗汉表演

蛇妖，民女陈十四立志除妖灭怪，上庐山学法三年，功满返乡，经智勇奋战，降伏蛇妖，受皇上敕封为"护国夫人"。后人为颂念女神，建庙塑像，顶礼膜拜，香火不绝。尤以农历正月十五、七月初七、十月十五庙会最为盛大，金、丽、温一带善男信女纷至沓来，络绎不绝。

　　缙云张山寨七七会始于明万历初年，未曾中断。庙会的程序比较复杂，各村村民给陈十四过生日集中欢庆。七月初七凌晨，高坐着陈十四娘娘的八人大轿，由锣鼓鸣道，案旗开路，到达位于山顶的献山庙，村民们用棍棒大刀圈出庙前场地，各民间艺术团队便开始争相表演绝活。

（3）迎罗汉与三将军传说

传说唐、葛、周三位将军生于周朝，三人的母亲是山东登州凤阳九龙山脚人，平日与人为善。她怀第一个儿子临产时，喜遇仙气，一阵白光吓得孩子的父亲倒地身亡。婴儿脸白，长相秀气，取名唐宏，字文明，三岁会做饭，四岁能砍柴，上山下地无所不能。后其母改嫁葛姓人家，又生一子，临产时只见红光临门，生了个红脸公子，起名葛雍，字文东，一月会坐，二月能爬，三月出齐牙。不幸其父遇难身亡，孝满，一位周姓汉子来入赘。其母怀孕生产之时，恰逢山神过往，生了个黑脸的周斌，字文昌，三年长成大哥样。兄弟三人天资聪颖，力大过人，并商定每人拜师学艺，立志护国安民。大哥从师读书，才高八斗；二哥习医济世，妙手回春；小弟学武九龙山，除恶扬善。三兄弟闻名于世，受周厉王钦封为官。厉王好猎，荒废朝政。三兄弟联名启奏："先王勤政爱民，天下归心……"屡次苦谏反遭厌恶，后离周游吴，得吴王重用。不久，楚国举兵伐吴，吴王惊慌失措。兄弟共献良策，率兵征服楚国。吴王重

三将军画像

缙云寺庙中供奉的三将军像

赏，三兄弟推辞："我等是客，表彰吴国将士才对。"不久，周厉王打猎身亡，宣王即位，即召三官回国重封。三兄弟整理朝纲，并降服五方使者。接着，宣王派三官赴东衮赐粮赈灾，扬善除恶，奖励农耕，拨乱反正，安抚百姓。民众感恩不已，三兄弟加封侯爵，深受历代百姓敬仰。

宋大中祥符元年（1008年），真宗东游岱岳，到山门，忽见三仙自天而降。皇帝敬问，三仙回答："臣受天命护驾来也。"真宗即封三仙为将军。后人遂称唐、葛、周为"三将军"。唐把印、葛掌戟、周执节。三人身披金甲，浩气凛然。1123年，宋徽宗敕赐"威佑三将军"之庙匾。

宋宣和年间，三将军体察民情，云游龙溪，目睹龙溪境内久旱无雨，瘟疫盛行。众将军即发慈心，施神威，济赐甘雨，消灾驱邪。百姓感恩戴德，择地西应为之建庙宇、塑金身。从此，龙溪百姓世世代代在三将军殿逢旱求雨，遇邪祈医。特别是远近村民，每逢新生婴儿出麻疹、出痘疮等，即拜认亲爷，或焚香许愿，无不有求必应，逢凶化吉。有道是："唐葛周抑恶驱邪威

缙云民间供奉的三将军像

震遐迩，三将军济世扬善恩泽古今。"因此，民间很怀念他们三人，为他们立庙纪念，历朝历代不忘恩德，祀奉敬拜，香火不绝。特别是每逢他们生日，百姓就到殿祝贺敬奉，希望三将军继续为人间禳灾降福。

据《缙云县志》(1998年版)载，赤岩山迎案始于宋宣和年间，至今已有近九百年历史。活动以民间传统文化节目为主，以迎案的方式，祈神灵显神威，为百姓消灾降福。庙会之日，设坛祭拜，各村迎案队竞相献演，各逞其技，神人皆娱，民众乐此不疲。每年农历九月初十赤岩山庙会迎案活动，主要是为了纪念唐、葛、周三位将军的丰功伟绩，同时也是一次民间文化艺术的交流和展示。当天，周边各村自发组队参加这一活动，其中有罗汉班、三十六行、唱莲花、秧歌、老鼠娶亲、铜管乐队和军鼓队演奏及其他文艺节目，观众达万人，活动场面隆重，热闹非凡。

缙云大洋忠烈侯像

（4）迎罗汉与大洋忠烈侯

据有关专家考证，王达为北宋年间缙云箬川人，其传略在《宋史》《续资治通鉴》《缙云县志》《豫庵记》《明括苍匪记》等书中均有记载。王达幼年习诗书，长通韬略，生有勇力，智敏过人。宣和三年（1121年），方腊攻至缙云，王达倾散家财聚集壮士抵抗，事后隐迹家乡。乡人仰其忠义保民，共约集资立庙以礼之，遂建西殿。此间，王达被敕封为"忠烈侯"。

当地人为了纪念王达，修建了西殿——忠烈侯王达大殿。此殿始建于南宋绍熙前后，重修于清光绪年间，建筑精美，现仍保存完好，位于缙云县大洋镇前村。殿宇正面有4米高的台阶，台阶前立有石狮子一对，殿堂呈敞开式，面宽三开间。明间抬梁式四柱五檩，前设挑檐枋，檐柱上饰牛腿，牛腿上雕有狮子戏绣球等图案，精美大气，富有民族特色。次间抬梁穿斗混合式用五柱，两侧各设一小厢房。目前大洋镇每年迎百衣丞相即是祭祀忠烈侯的迎案

缙云西殿

缙云民间供奉的关公像

活动。

（5）迎罗汉与关公大帝

金竹村的迎关公案源于明隆庆年间，至今已有四百余年历史。农历五月十一至十三是迎关公案活动日。五月十一主要活动程式为祭旗祀案，包括鸣炮献乐、恭读祭文、敬献三牲五谷、鹅血祭旗等。

金竹村迎关公神龛

金竹村关公像

金竹村关公庙

五月十三是正日，活动程式主要有请神起案、祈福会案、神龛交接、焚马谢案。其中焚马谢案活动最具地方特色。2012年，迎关公案列入第四批浙江省非物质文化遗产名录。

（五）迎罗汉的溯源与发展

1. 迎罗汉溯源

迎罗汉是缙云民间百姓自发组织、自发参与，恭抬着供奉有各自地域内所最敬仰神灵的神龛，在威严仪仗和传统武术、艺术表演队伍簇拥下巡游乡里，尽情表演的一种娱神乐众的大型民俗展示活动。

包括迎罗汉在内的缙云迎案活动起源于民间对神灵的崇拜，寓意恭请神灵代天巡狩，消灾赐福，保境安民。境内最早的迎案活动可以追溯至唐乾元年间。据镌刻于唐乾元年间的李阳冰《城隍庙碑》载，唐乾元二年（759年），缙云县自七月初至八月半无雨，大旱成灾，百姓叫苦

金竹村关公庙会通告

连天。八月十六日，县令李阳冰亲自祈祷于城隍，带领官员、百姓取龙求雨。县令李阳冰与城隍老爷约曰："五日不雨，将焚其庙。"及期大雨，合境告足。为报答城隍灵验，李阳冰将城隍庙由西谷迁至现在的城隍山上。落成开光时，又组织百姓抬着城隍神龛巡狩县城，以示庆贺。此为县城迎城隍，也是缙云迎案习俗的开始，以后相沿成俗，迎城隍活动规模越来越大，仪式也越来越隆重。

烧纸马

在缙云县域内，受县城迎城隍习俗的影响，素称"富庶之地""文化之区"的壶镇率先仿效，开展迎案活动。宋宣和元年（1119年），壶镇畈内久旱无雨，于是各村求雨于赤岩山三将军，果真应验，于是在当年九月初九开迎三将军案的酬神风俗,由此各地纷纷仿效。明隆庆四年(1570年),金竹村因关公大帝驱除瘟疫有验,开迎关公风俗;明嘉靖二十七年(1548年)二月初二,水口村集庆庵观音殿落成开光,开迎观音娘娘风俗;由福建迁入张山寨附近的氏族,把闽浙沿海的陈十四信仰带到缙云,明万历二年(1574年),为庆贺保境安民的陈十四诞辰,开迎陈十四娘娘风俗。至此县内迎案民俗日益鼎盛。即便是地处山区、生活相对贫困的壶镇镇岩背村,也在每年六月初六开迎朱相公风俗。清康熙年间的缙云贡生朱焕记之曰:"岩上岩头有庙屹立,神系朱公,六月六日诞。土人迎赛……发炮鸣锣,巡绕其上。亦观如天半星君,将六丁六甲,乘云气,冉冉空中游焉!"

2. 迎罗汉的发展

缙云县迎罗汉活动始于南宋之初。南宋建炎三年(1129年)十一月,金军乘宋军江防未固之机,相继攻克庐州(合肥)、建康(南京)、临安(杭州),随后又屠掠附近州县。高宗逃亡于定海、温州、台州等濒海区。金孤军深入,恐腹背受敌,遂于建炎四年(1130年)二月自临安北撤,旋又回军南侵。其间高宗一度用韩世忠、岳飞、李纲等名将抗金,并于"秋七月……诏江、浙、闽各州县,谕豪右募民兵,据险立栅,防遏外寇"。时有"胡森,字云林,苏州人,任武节大夫、东南第一正将。从高宗南渡,迁居缙云,"他响应皇诏,组织青壮年教授武术,习武自卫。因自佛教于汉末传入缙云后,罗汉崇拜遍及

迎罗汉场面

民间信仰祭祀活动

民间，故称胡森教练的习武团队为"罗汉班"。此后，罗汉班经常参与重要的民间活动，成了民俗活动中最为耀眼的表演队伍，相沿成俗，世代传承。

元至元二十七年（1290年），缙云吕重山、杨元六起事。至正十五年（1355年），缙云箬川（大洋）杜仲光集聚数千人反元，其主体都是罗汉班习武骨干。

明嘉靖三十四年（1555）秋，戚继光到处州（丽水）缙云一带招募将士抗倭，缙云人陈冕被推举为戚家军麾下的处州军把总。陈冕

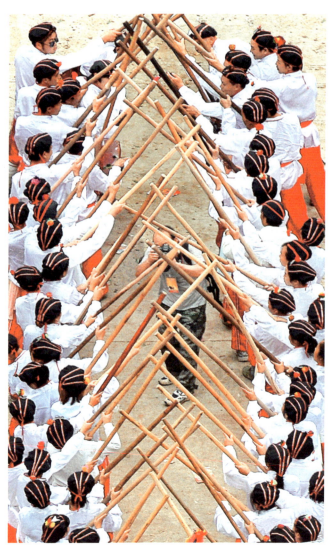

迎罗汉场面

在缙云招收罗汉班中的精英作为处州军主力，跟随戚继光前往台州和福建沿海进剿倭寇，屡战屡胜。戚继光在总结东南沿海平倭战争治军经验时所著《纪效新书》中曰："浙江乡兵之称可用者，初为处州……"又说："等而别之，得其人而教练焉。毕竟处州为第一。"可见缙云罗汉班曾经为保家卫国、抵御外敌培养了人才。

罗汉班还为缙云在封建时代的武科科举起到了一定的作用。仅清代缙云就有武进士二人，武举人三十人。人才辈出的习武活动，推动了迎罗汉队伍的发展。

清朝末期，水口邻村纷纷仿效，组建罗汉班，请名师授艺，使这项极具地域特色的游艺表演项目得到了很好的传承。目前，缙云全

参阵表演

罗汉队踩街

迎罗汉活动后留影

20世纪七八十年代人们表演耍武

20世纪七八十年代人们表演迎罗汉

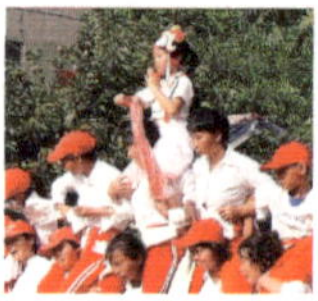

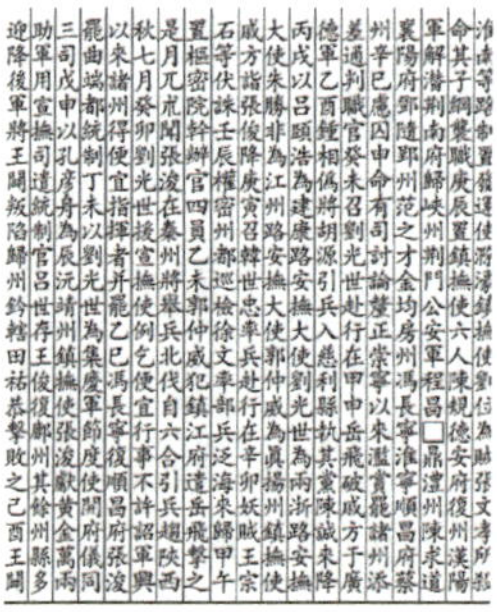

淮南等路制置發運使[illegible]
命其子綱襲職庚辰置鎮撫使六人陳規德安府復州漢陽
軍解潛荊南府歸峽州荊門公安軍程昌□鼎澧州陳求道
襄陽府鄧隨郢州范之才金均房州馮長寧淮寧順昌府蔡
州辛巳慮囚申命有司討論釐正崇寧以來濫賞罷諸州添
差通判職官癸未召劉光世赴行在甲申岳飛破戚方于廣
德軍乙酉鍾相偽將胡源引兵入慈利縣執其黨陳誠來降
丙戌以呂頤浩為建康路安撫大使劉光世為兩浙路安撫
大使朱勝非為江州路安撫大使郭仲威為真揚州鎮撫使
戚方詣張俊降庚寅召韓世忠率兵赴行在辛卯妖賊王宗
石等伏誅壬辰權密州都巡檢徐文率部兵泛海來歸甲午
置樞密院幹辦官四員乙未郭仲威犯鎮江府遣岳飛擊之
是月兀朮聞張浚在秦州將舉兵北伐自六合引兵趨陝西
秋七月癸卯劉光世援宣撫使例乞便宜行事不許詔軍興
以來諸州得便宜指揮者并罷乙巳馮長寧復順昌府張浚
罷曲端都統制丁未以劉光世為集慶軍節度使開府儀同
三司戊申以孔彥舟為辰沅靖州鎮撫使張浚獻黃金萬兩
助軍用宣撫司遣統制官呂世存王俊復鄜州其餘州縣多
迎降後軍將王闢叛陷歸州鈐轄田祐恭擊敗之己酉王闢

《宋史》对于缙云罗汉班形成的相关记载 1

犯房州守臣韋知幾棄城走庚戌楊勍受劉光世招安尋復
叛去迫泉州癸丑崔增犯太平州守臣郭偉拒却之乙卯金
人徙二帝自韓州之五國城劉光世乞移司平江不許丙辰
張俊合諸將戚方等兵萬餘赴行在丁巳申命元祐黨人子
孫于州郡自陳盡還當得恩數韓世忠張俊并罷己未禁閩
廣淮浙海舶商販山東慮為金人鄉導詔江浙福建州縣諭
豪右募民兵據險立柵防遏外寇庚申以岳飛為通泰州鎮
撫使辛酉建州民范汝為作亂命統制李捧捕之乙丑復李
邦彥以下十九人官職聽自便復李綱銀青光祿大夫許翰
[illegible][illegible]端明殿學士張浚貶曲端階州居住丁卯金人立劉豫
為帝國號齊戊辰罷提領措置茶鹽司己巳詔王𤫉部兵屯
信州程昌寓遣將杜湛禽李合戎于松滋縣是月張用據漢
陽軍沿江措置副使李允文招降之以便宜徙鄂州路副總
管以右軍統制馬友知漢陽軍八月辛未朔以禮部尚書謝
克家參知政事壬申李成請降于江州詔撫納之張浚奪程
千秋官文州編管癸酉選神武中軍親兵六百人番直禁中
甲戌詔侍從官日一員輪直進故事關治體者丁丑以韓世

《宋史》对于缙云罗汉班形成的相关记载 2

宋史对缙云迎罗汉的记载

紀效新書　國民軍事叢書第十種

• 40 •

戚继光所著的《纪效新书》中对处州军的评价

戚继光招募处州兵的记载

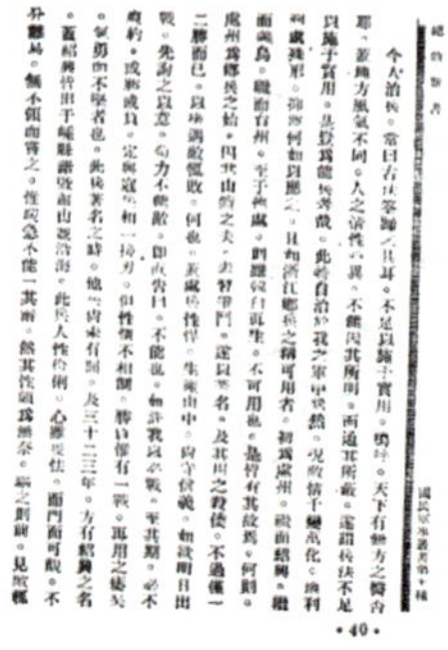

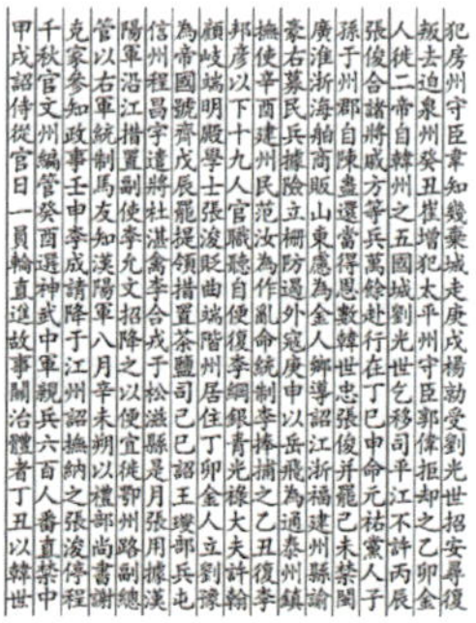

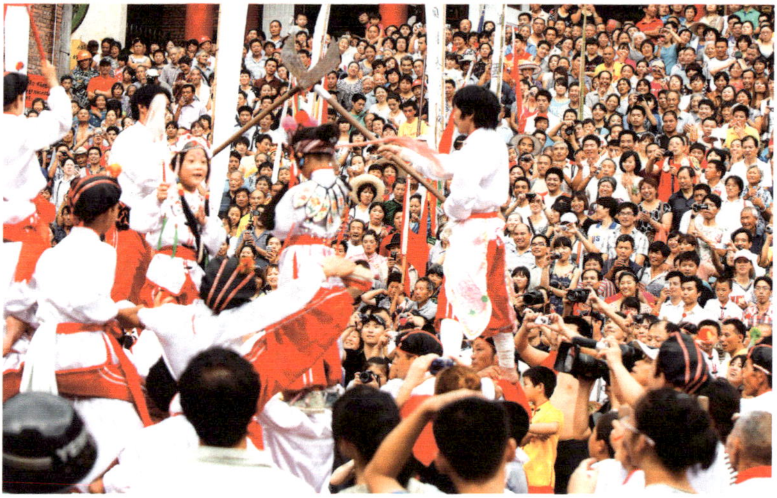

热闹的现场

县有罗汉班五十多支，罗汉队员两千多人。

罗汉队数十年来也经历了多次兴衰变化。之前，罗汉队一般每年迎案一次。新中国成立初曾被视为迷信活动而停止。特别是“文

巡游

化大革命"期间，被作为"四旧"，一切迎罗汉器具破坏殆尽。改革开放以来，逐渐恢复表演。2004年缙云县首届仙都文化节时，罗汉队作为重点文化表演项目赴仙都参加黄帝祭典活动表演。当时参加表演的有一百八十多人，表演内容也十分丰富，特别是开场时的集体拳路"单荡手"（十八位青年列成方阵集体打拳）与结束前的叠罗汉轰动全场。近年来，由于政府的重视，极力抢救非物质文化遗产，全县罗汉队及迎罗汉活动得以较好地恢复与传承，发展体系比较健全。

由于历史的发展演变和不同文化形态的影响，迎罗汉已经形成

1953年缙云罗汉队参加金华军分区首届运动会比赛后留影

20世纪80年代缙云壶镇的叠罗汉表演

观众

了特有的系统,具体体现在历史、文化、精神、科学、社会和谐、审美以及经济等不同方面。

目前,缙云县已成立迎罗汉活动理事会,负责迎罗汉的保护与传承工作,组织传承人传授表演技巧,积极参加重大节日和大型活动展演。2009年,迎罗汉项目列入浙江省非物质文化遗产名录。同年,缙云被浙江省文化厅命名为"浙江省民间文化艺术之乡"。2010年,缙云被浙江省文化厅列为浙江省传统表演艺术重点培育项目。

2011年，缙云县迎罗汉入选第三批国家级非物质文化遗产名录。

（六）迎罗汉的特点

1. 传统性

缙云民间历来有尚武传统。迎罗汉活动历史悠久。罗汉班的产生以及迎罗汉活动的传承发展，与南宋抗金、抗击倭寇等事件相联系，有着深厚的历史渊源。迎罗汉活动在独有的历史环境中形成，是农耕文化的一种独特的表现形式。

2. 多样性

迎罗汉是一项传统体育游艺项目，活动内容丰富，形式多样，活动程式世代相传，是地地道道的原生态文化现象，是中华民族文化多样性的反映，也是非物质文化遗产本质特征的体现。

3. 艺术性

迎罗汉活动富有传统文化内涵，乡土气息浓厚。它以杂技游艺为主体，融民俗、武术等表演元素于一体，是表演艺术的综合体现。其表演形式争奇斗艳，令人目不暇接。队伍庞大，阵法多变，动作惊险，造型优美，配以传统鼓乐伴奏，地方特色浓郁，具有较高的艺术性。

4. 广泛性

迎罗汉是缙云民众自发组织、自觉参与的群体性民俗活动，有着较为深厚的群众基础。罗汉队分布在全县十多个乡镇五十多个村

前去祭祀的人们

庄，人数众多，而且不分男女老少。

（七）迎罗汉的社会功能

1. 历史记载

迎罗汉是一种民族历史文化的创造和积累，它记载着当地人民生活、繁衍、发展的过程，体现出其演变脉络和传承上的规律。其活动形式作为"历史教材"，不断教育后代，使子子孙孙牢记祖先的创造和功德。

2. 文化传承

迎罗汉作为一种特殊的文化表现形式，生存和发展于民族文化的不同形态中，体现了人们的宗教信仰、民族情感、民俗传统和地方风土人情，是人们祈求国泰民安、风调雨顺、家业兴旺等思想文化的汇聚。

3. 精神价值

迎罗汉是一种具有浓厚地方特色的文化形态的缩影，有较高的精神价值。例如献山庙会，当地就有这么一个传统，就是过年可以不用回家，但是七月初七庙会，身在天涯海角也要回到家乡参加迎罗汉活动。同时，在这种节日里，庞大的信仰队伍、多样的体育活动形式和隆重的宗教节日活动，反映了民众的精神需要。人们借助民族节日文化中的传统体育活动来抒发自己的情感，虽然这些传统体育活动的表层往往蒙上神话色彩，但透过这一表层就可发现许多民族节日文化中的体育活动寄托了人们祈盼五谷丰登、民族团结、家庭和睦、人丁兴旺的美好心愿。

4. 社会和谐

迎罗汉是一种群众性活动。人们通过参与活动,不断融合了解,产生共同的信仰、共同的祈福,增进了人们的感情。

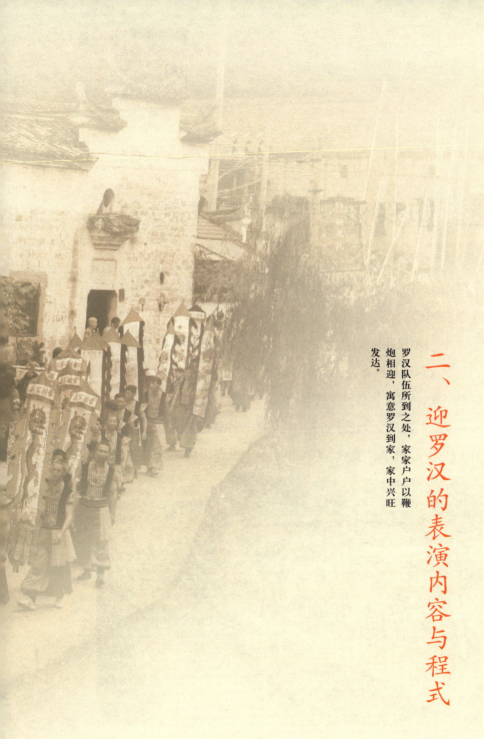

二、迎罗汉的表演内容与程式

罗汉队伍所到之处，家家户户以鞭炮相迎，寓意罗汉到家，家中兴旺发达。

二、迎罗汉的表演内容与程式

[壹] 表演内容

（一）罗汉踩街

罗汉踩街是迎罗汉表演的开始部分。罗汉队伍所到之处，家家以户户鞭炮相迎，寓意罗汉到家，家中兴旺发达。

罗汉踩街是罗汉班开始表演之前的一种祭祀仪式。罗汉队伍在村庄较为开阔的地点集合，待到吉时，罗汉队伍集结完毕，整个队伍

罗汉踩街

开始敲锣打鼓沿街行走。

罗汉踩街，不同身份的扮演者按照一定的顺序排列进行。

1. 领头的是两面金字庙名"横水牌"，该牌上略大下略小，下有1米以上的长柄，由长者执背。

2. 大锣两面，声音不同，洪亮悠远。

3. 白长旗（白幢）直条形，上写联语，高四五米，宽约半米，一人一旗，大多由妇女背迎。

4. 锣鼓队。

5. 先锋（长号）两把，声音浑厚，鼓舞人心。

6. 大刀八把或十几把，成双。

7. 罗汉棍，棍长齐眉，色红。持棍人数不拘，统一着装，白衣红裤，头戴罗汉帽，是罗汉队的主体。

8. 擂车，又名"钢叉"，边走边擂，锵锵声连续不断，一般有六把或八把。

罗汉踩街

扛横水牌的老者

大锣

蜈蚣旗

9. 四门车，比擂车短，无曲形分叉，举顿时有锵锵声，由少年组成，一般是四把。

10. 盾牌、马刀，一手执盾，一手操刀，成双。

11. 铜，两把或四把，成双。

12. 钺斧，执此器人数不拘，由儿童使用。

13. 棒槌，执此器人数不拘，由儿童使用。

14. 罗汉顶，由三四岁少儿骑父母肩上跟在最后面，人数不拘。

罗汉踩街中，表演者不断表演手中的器械：棍棒、长柄大刀和长矛等都按逆时针方向旋转；持盾牌、马刀的，一手把刀搁肩

罗汉顶

踩街途中

上，一手把盾牌护在膝盖边；持双铜、钺斧和棒槌的，都是双手抓住道具把柄，横搁在双肩上；罗汉顶上的小孩手持拂尘，不断旋转；使用擂叉的，一般都是技术精湛者，边走边擂，擂叉在他们两手之间有规律地滚动，得心应手，响声锵锵清朗；持四门叉的，举顿时有节奏地锵锵作响。有的罗汉队伍中有三十六行的罗汉人，他们和路人相互斗俏，甚是热闹。罗汉踩街途中，悦耳的擂叉声和着鼓号声以及哦嗬声、口哨声，在迎案的路上回荡，热烈欢快。

在此期间，罗汉队员还要进行其他的一些表演。如持棍棒和大刀者表演"行路柴"：在比较宽敞或观众比较多的地方，先是队伍中的奇数者向后转180度，与相邻者相向，两人同时握着刀或棍棒，做相互击打拦截动作；然后，奇数者和偶数者同时转180度，与另一相邻者做同样的动作，而后，又同时转身……反复循环，乒乓之声不绝于耳。

到达庙场或指定场所后，罗汉队随着哨子声小跑绕场一周，围成一个大圆圈，并用棍棒和大刀柄一齐蹾击地面，撞击声铿锵，喊

进入表演场地

声阵阵，威武雄壮。圈出场地后，进行各种表演。

（二）罗汉阵

迎罗汉的精彩部分是罗汉阵，是随着迎罗汉队伍进入表演场地后第一项正式表演的节目。罗汉阵有着严密的规划和顺序，但不同山村、不同罗汉班罗汉阵顺序和形式不同，阵法少的有十几个，多则三十多个。常见的阵法有盘龙阵、梅花阵、连环阵、半月阵、交剪阵、炉栅阵、天门阵、蝴蝶阵、双龙出海阵、四角阵、绕角阵、大小编笆阵、拜神阵、一字长蛇阵、八卦阵、葫芦阵等。

阵法表演在当地叫作"参阵"，观看参阵有一种"门内看门道，门外看热闹"的味道。参阵活动表演时，鼓乐队列在一端，根据不

入场圈场地

同阵法演奏出不同的节奏和音调。罗汉队员个个精神振奋,步伐随着鼓乐队的基调,节奏一致,动作协调,手持各类器械不断变换姿势。时而高声呼喊,时而抛出器械,叮叮当当、哗哗啦啦作响,让参阵变得气势磅礴,高潮迭起。

参阵是按照套路、顺序进行表演,由不同角色的罗汉队员组成。常见的套路一般分为打场(圈场地)、阵法操练、阵法过渡、撤场等内容。缙云县由于村落之间有山脉相隔,形成了套路复杂、阵法多变的形式。

1. 驸马村罗汉阵图

驸马村的罗汉阵图是由易至难进行参阵的,主要特点是参阵过程中队伍交叉多,队形变化复杂,基本每一个阵形之间都存在队列人员交叉,这样参阵阵头非常关键,尤其是分阵过程中两个阵头的默契配合也是一种考验,需要较长时间的演练。具体顺序如下:

双半月阵→十字阵→五梅花阵→圆编阵→九连环阵→分双排阵(内外两次)→里大门阵→外大门阵→内蝴蝶头阵→外蝴蝶头阵→里外团龙阵→圆圈搭门阵。

双半月阵。是半月阵的类型之一,因形似弯月又似弯弓而得名。大多数的参阵过程中,半月阵一般是位列首位的一个队形,队形主要为单半月或双半月,不同村庄在安排参阵类型上会根据场地、参阵人数来选择半月类型。一般在场地小、人数较少的情况下,选择单半月较多。场地空间较大，人数较多的，一般安排双半月。

十字阵。形如汉字"十"，又如中国结的形状，寓意十全十美、吉祥如意。十字阵在"十"的上下、左右的顶端均有一个交叉，整体

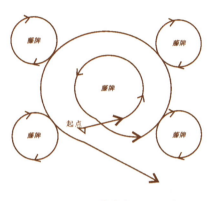

五梅花阵

参阵内容犹如编制中国结一样，队伍参阵遇到交叉点有序交织，令人眼花缭乱，让气氛格外热闹。

五梅花阵。又称"五柴阵"，因形如梅花花瓣而得名。参阵过程中，像五角星一样，在每一个角上均有一个花结交叉转弯，整个阵形有十二个花结交叉转弯，转弯处两两环绕，变换方向，参阵阵形打开似梅花绽开。

圆编阵。因参阵过程中队形在场地外围做交叉绕行移动，如同编制竹编的外围一样，故名。阵形较为简单，由于交叉多，容易出现队形变形，因此参阵过程中，交叉点一般为每人向后绕二人或三人，依次向后。

九连环阵。这是一种较为古老的参阵形式，与我国古代的九连环套相关联。有多种传说。一说发明于战国时代，一说源于西汉，另

一说发明于三国时期，据说是诸葛亮常带兵打仗，为让妻子排遣寂寞而发明。宋朝以后，九连环开始在民间广为流传。有关九连环的记载见于明代杨慎的《丹铅总录》（见《升庵集》卷六十八）。不少古代文学作品都提到过九连环，如《红楼梦》中就有林黛玉巧解九连环的描述。

九连环阵参阵过程中，按照斜直线前进，每到一点，两两交叉绕行，前面向后面绕行，整个图形犹如九连环的每个圆圈，共有两边各九个点。

分双排阵。阵形较为简单，进场开始两排交叉进入，形成两列纵队。这个阵形也是一种过渡型的参阵形式，可以回转编阵，内外场地可进行两次。

里大门阵。形如两列纵队，手持长棒、长矛、长刀者列于两侧，形成较有气势的大门阵形。其他参阵者依次从中间疾步走过，越过时两侧罗汉振臂高呼，器械锵锵作响。参阵者分两排到底后，分别绕场地转回，变换下一个阵形。

外大门阵。与里大门阵参阵形式相似，阵形不同。参阵过程中，按照两列纵队行进依次形成大门阵形，队伍从顶端向内依次穿过大门阵形，然后分开两侧后绕场，待两队相遇后又折返至开始点。

内蝴蝶头阵。亦称"编笆阵"。整个参阵路线像一只蝴蝶的翅膀和触角，故名。参阵过程中，队伍交叉后一分为二，两队从场地中心行进，到达场边，一队向左，一队向右转半周，然后分别向场地开始端移动，待两支队伍相遇后，分别折返转向场地外围。

外蝴蝶头阵。与内蝴蝶头阵相似，参阵路线不同。参阵过程中，队伍交叉后一分为二，各向队伍的左右方向前进。行至半场中间后大弧线折返开始点，当两支队伍相遇后再向各自方向折返，到达场地边，延长边缘向出发点移动。一旦两支队伍相遇，再折返沿场进行至两队伍相遇。

里外团龙阵。又叫"盘龙阵""大小盘龙阵"，犹如盘龙而卧的姿态，故称之为"团龙"或"盘龙"。团龙阵分为里团龙和外团龙。里团龙参阵由外向里逐渐盘紧，外盘龙是由里团龙的最里面向外演变。参阵过程是：在哨声的指挥下，所有罗汉队员用双手把刀枪举在胸前，围着场地转一周后，持大刀者走向中心，其余人跟着转圈，圈子越走越紧，速度越

盘龙阵

来越快,圈子缩小到极限,然后最前面(此时也是最里面)的人转180度,从相反的方向转圈退出,节奏放缓。退出的过程最壮观,有人朝东转,有人往南旋,你来我往,你进我退,进退有序。

2. 罗汉阵图

罗汉阵图以正方形或长方形为主,阵形较为简单。整个罗汉阵图中仅仅有半月阵和双盘龙阵两个阵图为圆形和半月形的走动。参阵顺序如下:

半月阵→锁壳阵→交剪股阵→四柱粉阵→大盘龙阵→直炉栅阵→横炉栅阵→分阵→双盘龙→小炉栅→绞阵→方形阵→四门阵→双钢剪阵→四门阵→刀交叉解散。

半月阵。同双半月阵类似,阵形较为简单,参阵形成一个半月形。

锁壳阵。犹如古代锁具的外形。

交剪股阵。主要为图形的四个点位。在场地上确定四个对称的点,队伍先从一个点出发,径直向对面的第二个点行进,成一字长蛇阵;然后队伍按顺时针方向行进四分之一的圆弧(90度角的弧)到达第三个点;再径直向对面的第四个点行进,呈"一"字(先后两个"一"字呈一个"十"字);最后,队伍按逆时针方向,沿原来四个顶点边沿旋转一周又四分之一圆弧,也就是回到队伍起点的地方为止。

盘龙阵

盘龙阵

　　四柱粉阵。有的地方叫作"绕角阵"。队伍绕场一周后，呈四个角，然后分别在四角处进行旋绕。带头的三人旋绕，后面每间隔二人旋绕。

　　炉栅阵。这个阵形在参阵阵法里属于常见阵形，分为直炉栅阵、横炉栅阵、小炉栅阵等。形如走龙，犹如山间栅栏，故名。其参阵过程较为简单，九曲连环，形成五个来回。表演时，来来去去，曲曲折折，犹如长蛇逶迤，甚是壮观。

　　绞阵。形如汉字"冈"。绞阵进行时整个队伍行走在"冈"阵形中。

　　四门阵。因布阵似两个"回"字而得名。队伍每绕一周，设立一门，绕场四周后，分别在东西南北方向设立四门（大殿方向为北门）。每门两罗汉背靠背站定（东门西门面朝南北，北门南门面朝东西），接着开始劈四门：持大刀者带领队伍先到东门，两把大刀齐劈东门［劈进两人背与背之间的空隙（下同）］，两罗汉跳起旋转半周，呈面对面站立（下同），然后队伍径直向前，过西门再绕向北门，北门劈开后，队伍径直过南门再绕到西门，西门劈开后，队伍径直过东门再绕到南门，劈开南门。四门劈完后——归队。

3. 双合卯罗汉阵图

双合卯罗汉阵图是一个典型的缙云罗汉阵。阵形图多是圆圈和少量的方形。阵形中有多个地方藤牌（藤牌是指一个交叉圆圈形的小阵形，又称之为"阵中阵"）。

圆圈打场→炉栅阵→开头盘龙阵→单葫芦阵→四珠阵→五梅花阵→六连环阵→双葫芦阵→蟹钳阵→双箱阵→天门阵→双龙抢珠阵。

圆圈打场。这是罗汉阵参阵的开始部分，由于场地中站满了观众，为了将观众圈出场地外，须进行打场。打场一般由内向外，逐渐扩大，有的地方由外直接圈地。这样三五圈就可以将参阵场地布置到位，同时又是参阵整合队伍的最好时机。待打场结束后，再进行参阵表演。

葫芦阵。阵形犹如"8"字，上面圆形小，下面圆形大，形如葫

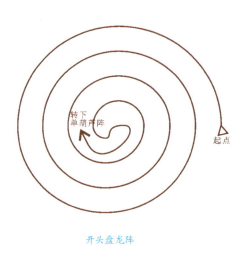

转下
单葫芦阵

起点

开头盘龙阵

芦，故名。它分为单葫芦阵和双葫芦阵。参阵过程中，单葫芦阵是整支队伍在场地中按照由下自上书写"&"的顺序进行表演；双葫芦阵则是队伍一分为二，按照由下自上书写"&"的形式进行参阵，形成两个葫芦的形状。

四珠阵。这个参阵图形比较简单，在队伍进行中，按照正方形走，在正方形的每个交叉点均有一个藤牌，即小圆圈，犹如四个珍珠点缀，故名。

六连环阵。与九连环阵不同。与四珠阵相似，形似长方形，在长方形的边上增加了两个藤牌，形成六个藤牌，故称之为"六连环"。

蟹钳阵。因形如蟹钳而得名。参阵中，队伍分两队，由外场交叉进行，如在场地画了一个大大的钳子。

双箱阵。类似双月阵，两支队伍各自在半场画了一个双月阵，形成一个大大的圆箱，故名。

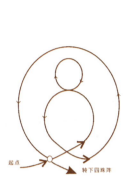

单葫芦阵

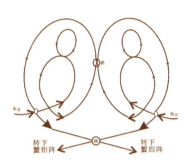

双葫芦阵

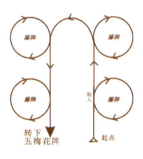

四珠阵

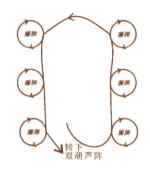

六连环阵

炉栅阵

蟹钳阵

双半月阵

连环阵

龙门阵

天门阵。阵形如汉字"門"，故称之为"天门阵"。天门阵的参阵过程是由两支队伍各走一个"門"字的一半，队伍交叉相遇并跳起。

双龙抢珠阵。两支队伍行进于场地边缘，分别做炉栅阵，各自形成三个弯曲后，两支队伍相遇合并。

（三）叠罗汉

迎罗汉表演的压轴戏是叠罗汉。叠罗汉据说是源于明嘉靖年间跟随戚继光平倭的义乌兵，在平倭作战、练兵之余，根据武术套路、战时阵法和杂耍技艺演练而成的一种练武取乐的游戏。经过不断演变，逐渐形成一套较为完整、规范的表演内容和形式。表演时需要力气、胆量和娴熟、高超的技艺，还需要大家动作协调，配合默契。叠罗汉花样繁多，造型奇特，惊险刺激。造型有大牌坊、小牌坊、过仙桥、七丁

叠罗汉

（龙）珠、叠水井、开荷花、观音扫殿、老鸦扇翼、凤凰拜观音、对纸马等。

1. 独脚叠坊

主要分布在缙云县大洋镇前村村。叠独脚牌坊的表演者由八人组成，即第一层（力大的人）、第二层（腰部硬的人）、第三层（体轻少年）、罗汉顶（体轻儿童），两边插翼各一个体轻少年，前后插翼各一个体轻儿童。表演者必须经过筛选，特别是一层和二层。表演步骤：一层腰间扎好扎包在台桌前站立；二层、三层和罗汉顶上台桌，罗汉顶由助演者抱着上桌；罗汉顶手拿拂尘坐到三层肩上；三层背着罗汉顶坐到二层肩上，由二层把三层和罗汉顶背起站立，再坐到一层肩上；助演者快速抱起两边插翼和前后插翼，两边插翼一手挽住二层手腕关节，一手抓住自己脚尖，前后插翼右手各拿一把拂尘，坐在一层事前备好的一条挂在肩上的布带上。做好以上各项步骤后，助演人员迅速离台。这时，一层慢慢移动脚在原地转一圈，助演人员马上上去拆解下来，这样演出就算结束了。这项活动要特别注意安全。

2. 叠罗汉井

叠罗汉井，亦称"叠水井"。一般为九人，一、二两层分别为四人。先由四人手与手呈绞状相挽，围成一圈（面朝圈里）站定，再蹲下钻入另外四人的胯下并顶起，第二层队员跟底层队员一

罗汉井

样，与相邻者手挽手呈绞状，然后分别踩在底层两个队员的左肩右膀上。此时，两层人围成一个圆筒，形似水井，故名。两根木棍的四端分别按在第二层队员相对两人的双肩上，呈"井"字形，木棍中间跨坐着罗汉顶，摇动着拂尘，整个造型4米多高。一般同时有两个相同的造型。此时，随着哨声的指挥，整体朝左转一圈，再向右转一圈，险象环生。

3. 叠牌坊

由身强力壮的人任罗汉柱（基柱、中柱、顶柱），其他人做"插翼"和罗汉顶。一般大牌坊需十八人，小牌坊需十一人。缙云沿路头村的牌坊以女人为主。底层由精壮的七人（尤其是中间那个，要承载三个人的重量）成一列横队站定，此为基柱。其他五人先站在七人前面，七人中间的五人分别把头钻过前面五人的胯下，然后把

叠牌坊

叠牌坊

他们顶上去，五人顺便骑在他们的肩上，此为中柱。其他人再用棍子挑上去三人，骑在五人中间的三人肩上，此为顶柱。再用棍子挑上罗汉顶，骑在三人中间的一人肩上。被骑者与相邻的人胳膊肘相挽，双腕又要搂住骑者的膝部；两边基柱的左肩或右膀上还要坐着一个孩子，叫"插翼"，插翼的一只手与边上中柱的一只胳膊相挽，边上中柱的一条腿压住插翼的一条弯曲着的腿上，边上基柱的一只手搂住骑者的腿外同时握住插翼的小腿，插翼一手拉着自己的一条腿（两边孩子手脚的方向相反）向外伸展，这样，牌坊就叠成了。此时，指挥的哨声急剧响起，随着哨声，牌坊整体旋转一周，或进或退；罗汉顶旋转拂尘，单掌施礼，点头致意。撤掉大牌坊的基柱，让原来的中柱做基柱，插翼仍附在现基柱的边上，就是小牌坊。大牌坊一般只叠一组，小牌坊要叠相同的两组，两组面对面旋转一周。

4. 开荷花

开荷花是叠水井的变形。就是卸下的罗汉顶，骑在大人的肩上，站到圈内。原站立的上层队员，改为坐在下层队员的肩上，与相邻者呈绞状的手，改为相互握住手腕，上身向后平躺或半躺呈喇叭形，躺得越平，难度越大，效果越好。随着急促的哨声，底层人连同背罗汉顶的人快速顺转三圈，逆转三圈，罗汉顶摇着拂尘，犹如一朵盛开的荷花：底层的人为花梗、花托、花萼，上层向外翻成喇叭形

开荷花

开荷花

搭大桥

的造型为花瓣，中间的罗汉顶为花蕊，令观者眼花缭乱。

5. 过仙桥

过仙桥表演，人数不限，但不能太少。先挑选出精壮队员，以一定距离同向站立，组成桥柱。双肩各骑一人（最后一人不骑），上边队员的身体渐渐往后仰面躺下，头连后背躺在后面队员的大腿上（最后一位骑者躺在最后一位桥柱的肩上），形成桥梁。被骑者双肘搂住骑者的双脚，十指抓住前面仰过来那人后背上的衣服，仰者张开双臂，形成桥栏。一排队员，就形成了一座坚实的人桥。由扮演罗汉顶的小孩在人桥上来回翻筋斗。

6. 七丁珠

七丁珠（也有五丁珠），也叫"七龙珠"。此造型由一个大人罗汉和六个小孩罗汉及罗汉顶共八人组成。大人两只手抓住自己的腰带，做叉腰状；前后两小孩的四只脚分别穿过大人肘弯的空间；左右两小孩的两脚分别从前面两小孩的腹前插过，搁在他们的大腿上，四个小孩分别与对面相对同伴互相握住手腕，拉紧，然后，罗汉顶站立在大人的双肩上，最后，大罗汉的左右肩上分别跨坐着一个孩子，相互抱住对方肩背的同时也抱住罗汉顶的腿脚。造型完成后，在哨声的指挥下，罗汉顶摇动拂尘，大罗汉挪动脚步，转一周，退一周，进三步，退三步。

五丁珠，大人两肩上不再坐两个小孩，罗汉顶改站为坐，其他不变。

7. 观音扫殿

这个造型虽简单，但比较惊险，由十人组成，并排两人两手相绞并捏住对方肩头。两人的左肩右膀上站立一个手抡大刀的罗汉，对面也组成相同的造型，两队相向，两边站立者所抡大刀的刀镡（刀环）处相交，呈拱形剪刀状，一对大人背着的观音（罗汉顶改装，观音打扮）分别从两边相向入拱，在拱下交位。交位时，观音拱手对拜行礼，并以仙帚（拂尘）掸动，以示扫殿，如此反复多次。

8. 老鸦扇翼

一般需要十七人完成。叠成两层，上八下九，围成圈，脸朝圈内。上面一人的两脚分别踩在下面两人的左肩右膀上，以此类推。上下两层的人与相邻者的手呈绞状，并捏住对方的肩膀。在下层中有两人空着左肩或右肩，就在此处，上下两层开一个缺口（缺口一般向着观众），并扬起左手或右手，一张一合，做老鸦扇翼状。

沿路头村的造型：一大人头顶一小孩的腹部，两手抓住小孩的腰侧，小孩手足模仿鸟的扇翼状。此造型共四组，分别从四个方向上场，先斜着走，再走成正方形，回归原起点，然后退场。

9. 凤凰拜观音

造型由四个大人和两个小孩共六人组成。两人相距1米左右同向站立，前者肩上坐一人，后者肩上站立的一人弓腰，双手搭在前坐者的双肩上。弓腰者背上坐着罗汉顶。一个孩子俯身，双腿夹在前站立者的胯部上侧，前站立者双臂夹住坐肩上者的小腿，一手掌托住俯卧孩子的腹部。后站立者双手握住俯卧孩子的脚掌。一根红布带勒在俯卧孩子的上下牙齿间，前面坐肩上者身体微微向后倾，双手抓住布带的两端，俯卧孩子一边不断点头，一边双手合掌，做拜佛状。此时，罗汉顶旋转拂尘，整体不断旋转。

凤凰拜观音

10. 对纸马

一壮汉站定，双臂

弯肘，两手掌相绞放腹前。肩上坐着罗汉顶。从壮汉后面将一仰面小孩双足插过肘弯，从壮汉前面将另一俯面小孩双足插过肘弯，贴于后面小孩腿的外侧，两小孩双手向前，呈合拜状。此造型共有四队，四个壮汉先斜着走，再走四方形；壮汉一边旋转一边前后摆动，等回归原起点即结束。

11. 罗汉塔

此造型由十八个人配合完成，分两组，每组九人。四人先围成一圈，相互之间相距半米左右。四根棍子两两相对地分别搭在四人的肩膀上，每人双手抓住棍子，肩外留着的棍头上分别跨坐一人，身体向后微倾并张开双臂，四根棍子的交叉处站立一人。随着哨声，站立地面者不断转圈，有种变幻莫测的动感。

（四）耍武

由罗汉班队员在围成人圈的中央空地表演，依序展演四至八把大刀为一组的舞刀花、四门叉、滚钢叉、拳、棒、双刀对杀、刀盾攻防以及舞棍、拆棍（对打）、拆拳等武术技艺，其中以罗汉拳、滚钢叉最有代表性。早在1953年，缙云县就组织有罗汉拳代表队在金华军分区首届运动会上表演，获冠军称号。滚钢叉是耍武中最为引人注目的节目。钢叉在古时祭祀中作为驱鬼、辟邪的法器，在民间有着独特的地位。表演时，由幡旗摆阵、鼓乐伴奏，表演者手、脚、腕、肘各部关节灵活配合。主要动作有双手花、转腰、滚背、过腿、调车

耍武

耍武——刀盾攻防

耍武

等，起承转合，变化多样。

[贰] 主要程式

缙云迎罗汉程式丰富，认真准备是迎罗汉活动的重要前奏。

迎案的准备工作大致可分为三类：

第一类是案队的技艺训练。各村的案队都要在一个月甚至半年前就开始做好排练操演工作。如罗汉（武术）队，纷纷聘请附近乃至永康等县的高手前来教授拳、棍、刀、枪、剑、鞭等武功技艺，人人刻苦训练。其他如叠罗汉、翻刀尖、倒行、空翻、旋碗、走高跷、上刀山等杂技班队和三十六行、铜钱鞭、十八狐狸、莲花、秧歌等歌舞表演队也都早早集中演练，以求节目精彩，胜人一筹。

第二类是轮值主事村迎案前繁多的习俗操作、祭礼置办、来宾接待准备等事务。例如胪膛、靖岳村在"文化大革命"前迎胡公时，轮值主事村有以下几项工作要做：一是主事村必须在上一年的农历九月就约集村中骨干商量迎案事宜。十月就要落实专人酿酒，以便来年八月初九迎案时免费施酒之用。二是要选择黄道吉日，在案坛堆放十多担干燥的松枝（下层）和十多箩木炭（上层），师公（道士）三四人在胡公神像前端坐，一手挥舞青烟袅袅的纸卷，口中念念有词，待至神灵附体，身体自然抖动，转到案坛点火燃烧松枝，至炭火通红，师公绕着火堆旋转作法。炼火时，由一人在前以扇去火，师公手舞钢叉，赤脚露胸，冲进炭火中反复踩踏。胆大的青年或

一些病人也冲进火堆踩踏，延续数小时，直至炭火熄灭方罢，俗称
"炼火"，意为洁净案坛，恭候起案。三是要排出菜肴瓜果一百二十
种，待至八月初一，用抓阄的办法落实到各户进行准备，俗称"撮花
名"。除"三牲"等主要祭品外的一百二十种上供菜果就这样由各家
各户分别提供。四是在八月初七，四个大汉敲着大锣，到各村贴迎案
海报，预定什么时间迎到该村，以便村民祭拜胡公和准备茶水，俗称
"贴茶票"。又如金竹关公案，一是俗定轮值村在上一次轮值后有
男孩出生的家庭要集资买猪头，有女孩出生的家庭要集资买肥鹅，
交给主事人员作为祭祀关公的供品。随着社会经济的发展和生活水
平的提高，这一习俗后来演变成每个新生男孩家庭买一个猪头，每

秧歌队巡演

一个新生女孩家庭买一只肥鹅。近年又演变为每一个新生小孩家庭，不管男女，都既买猪头又买鹅。以至于2010年金竹关公案祭旗时，作为祭礼的猪头、鹅多达二十六对。二是各家各户都要编扎和糊制纸马，并在迎案正日之前抬着自家的纸马，挑着供品，先行祭拜关公，这样才能在正日下午抬去焚烧。

第三类是轮值村要请戏班演戏，让案神观赏。一般连演三至七天。

隆重而有序的案会，时间一般为三天，主要展演程式有祭旗游案、请神起案、代天巡狩、会案祈福、谢案赐福等。

（一）祭旗游案

正式起案的前一天，各案队都要在本村彩排游案，以检验案前操练活动的实效。很多案会活动在彩排游案前还要举行隆重的祭旗仪式。例如五月十三金竹关公案，在迎案正日的前两天（即五月十一）凌晨，所有案队都要到关帝庙关公大帝面前举行古朴、庄严的祭旗仪式。人们上三牲、供蔬果，司仪点烛燃香，主事者恭拜、敬酒，长者诵祭文，祈求平安富足。接着，鸣锣放炮、摇旗呐喊，在惊天动地声中，一位彪形大汉手持肥大的活鹅三拜关公神像，旋即用口咬破鹅脖子，将鹅血涂抹在迎案的各种道具之上。血祭的用意为驱除邪气，保佑案队出迎平安。祭旗完毕后，各案队沿街巡游，并在村中空旷场地彩排试案。如水口村的祭旗仪式，是由各案队和村里

祭旗仪式

的男女老幼着盛装、精打扮、佩道具、奉供品和香纸蜡烛，毕恭毕敬到集庆庵观音殿举行。案桌供素斋花果，点燃香烛，众人上香跪拜。吉时一到，在司仪的主持下，主祭上高香、读祭词。随着司仪"祭旗"的号令，鞭炮、锣鼓、号角齐鸣。副主祭口咬大红公鸡脖子出血，顺次将鸡血滴在旗幡、锣鼓乐器、迎案道具上。接着，各案队在观音殿前转三圈，然后在长号引领、双锣开道下，到村中主要街道和操场彩排巡游、试案。祭旗试案的当晚，各案会都有戏班演戏，戏台正对中的后面供奉着案神，燃香点烛，恭请案神赏戏。旧时，张山寨献山庙正前并列五个戏台，首事村都要请戏班进寨斗台演戏，各个戏班各演三个"散出"（短剧），以放火铳为号：一炮准备，二炮开锣，三炮定输赢,以三炮响时台前观众最多者为胜。因此,张山寨七七会每年的斗台戏都是名角云集,绝技纷呈,场面热闹。

(二)请神起案

迎案正日清晨,隆重的请神(佛)起案仪式是必不可少的。例如泸膛、靖岳八月初九迎胡相公,当日凌晨零时许,主事村大摆仪仗,簇拥着胡相公香亭来到案坛,恭敬地放在戏台上。其间号角阵阵,锣鼓喧天,鞭炮震地。戏台下六张八仙桌,居中摆着猪、羊、鹅"三牲",四周摆满由各家各户送来的各式各样荤素菜肴、山珍海味、干鲜果品,足足

祭祀用酒

祭祀用鹅

祭祀用的牛头

有一百二十多盘。善男信女恭拜于台下，请神起案仪式非常隆重和庄严。又如水口村，在二月初二清晨，各案队肃穆庄严，列队在观音殿香案前，接着仪仗队拥着香亭入场。头首三跪八拜观音娘娘后，双手敬奉观音娘娘灵牌，请入香亭。这时，全场锣鼓喧天，鞭炮齐鸣，人声鼎沸。四个大汉抬起香亭，在全副仪仗的簇拥下起案。古时县城十月十五迎城隍的请神起案，更是惊天动地。凌晨不到寅时，知县等大小官吏及善男信女就来到城隍庙门前点燃宫灯，静候吉时。城隍庙门内则摆"三牲"、上供品，上百人忙碌着请城隍起案的各种准备工作。卯时一到，庙门徐徐开启，知县率领各级官吏、地方绅士和善

翻尖刀

杂技

男信女，虔诚地走到城隍像前点烛燃香，行三跪九叩之礼，言明恭请城隍出巡因由，在鼓炮声中把城隍老爷和夫人的神像抬入轿内，然后起案。

（三）代天巡狩

神灵代天巡狩的案队由香案队（香亭和仪仗队）、武术杂技表演队和歌舞表演队三大部分组成，各班队都有锣鼓乐队伴随。香案队由四个大汉抬着的两面大锣开道，两支大号先锋和"恭迎（某神某佛名称）神案"的神幡前导，幡后二至四个"衙役"扛着"肃静""回避"或者"国泰民安""风调雨顺""五谷丰登""平安康泰"等虎头牌，随后是两个大汉抬着内供神灵佛像或神灵牌位的香

三十六行旗

三十六行角色：囚徒与差官

亭。有的案会除主迎案神外，还有分别供奉"文昌帝君""本堡大王"等的数抬香亭相随出迎。香亭有的形似花轿，内设供桌；有的下部像八仙桌，上部为两层四角亭阁。亭阁上下两层八个角都游龙出檐，后壁彩绘各种图案，左右为花雕护壁，前方上置香亭或其他写有吉祥成语的匾额，香亭内供奉着案神金身或金字牌位，此前设香炉，左右放红烛灯台；桌前下垂莲花桌衣。香亭后高高地罩着黄罗伞，再后是锣鼓班、花炮手相随，整个香案队伍充满着人们对神灵的敬畏和尊崇。紧接着是刀枪剑戟林立的武术杂技表演队和载歌载舞的歌舞表演队。武术队由阵头旗、蜈蚣旗、刀、枪、叉、剑、铜、

三十六行角色：县官与衙役

棍及拳师、罗汉孙（化装成戏曲人物的儿童）、高跷等班队组成。歌舞队由台阁或彩车、十八狐狸、联欢、三十六行、板龙、百叶龙、金狮、旱船、铜钱鞭、秧歌队等民俗歌舞表演队和近年新增的军鼓队、腰鼓队等班队组成，他们伴随着铿锵的锣鼓和优雅的曲调，边走边表演，浩浩荡荡地恭随神（佛）前往各村代天巡狩。迎到各户门前，户主人都要放鞭炮接案以示恭敬，并祈求吉祥如意。古时县城十月十五的城隍出巡更是不同凡响，尤其是城隍的香案队，队伍庞大，仪仗森严，威风凛凛。迎城隍的香案队前面，由十六个精壮后生分别抬着八面大锣，分成两排，鸣锣开道，"肃静""回避"等八面虎头

牌相继，四支浑厚、深沉的先锋（长号）和铿锵激昂的锣鼓班后面，才是两顶分别坐着城隍老爷和夫人的八抬大红銮轿。轿后二十八面分别是绣着青龙、白虎、云鹰、熊罴、太极八卦、日月星辰等图案的白底红边三角大旗。缙云的城隍老爷宋朝时曾经封侯，故接着是斧钺、金瓜、刀枪、剑戟、朝天镫等六十四

三十六行角色：接生婆与孕妇

执事（半副銮驾）。銮驾后面是各乡、各村组成的大鼓队，数十抬大鼓，震天动地，气势雄壮。接着跟进的是各地百姓送的"秀山""秀塔""万民伞""万民旗"等。至此香案队方为结束。

（四）会案祈福

迎案队伍所到之村，村主事人都要焚香放炮接案，并在大垫基

道士作法

（晒谷场）进行会案表演及祈福活动。香亭坐北朝南居中安放，仪仗左右排开。老百姓纷纷奉香烛纸钱，到香亭前上香跪拜祈福，并把自备红烛在灵位前的灯台上点燃，请回家供奉于中堂，以示接福到家，保佑平安康泰。古时，人们还会将粉干、面条、果品、红包（古时用铜钱）等礼物赠送案队，各案队则按顺序在大垫基绕圈摆阵，竞献技艺。武术表演稳扎稳打，绝技纷呈；高跷等民间杂技和三十六行、大莲花、铜钱鞭等传统歌舞表演诙谐欢快，观众的喝彩声此起彼落。参与表演的，上自古稀老人，下至稚童。每个会案的地方人山人海，水泄不通。鞭炮声、锣鼓声、喝彩声连成一片，好不热闹。

抬香亭的队伍

道士作法

迎罗汉"贴茶票"

（五）谢案赐福

　　整个案队按照既定路线巡游和会案后，案队簇拥着香亭回到原来的庙宇，把分身神灵佛像或牌位恭恭敬敬地请回殿中，主事者再供牲礼，跪拜谢案。善男信女燃香跪拜后，从案桌上的大红烛点亮自家灯笼，意为接受案神赐福，然后领香灯回家。香灯将到门口，家人燃放烟花爆竹，以示接福。庐膛、靖岳的胡公案，没有专门的胡公殿，于是在歇案时还有一个隆重的交接仪式。次年主事村的头面人物提着大红灯笼，敲锣打鼓，礼炮震天，跪接胡公香亭，恭送到自己

陈十四娘娘案头牌

案头牌

村的本保殿安享香火，善男信女领香灯习俗如前所述。

歇案当晚或次日中午，案队以三牲和村民所赠送的财物置办酒宴，集中聚餐，酒足饭饱，尽欢而散，整个迎案活动结束。

（六）道具与服饰

1. 案头牌

上略大于下，有1米多长的柄；上写金字"回避""肃静""敕封夫人""献山庙""六位天仙娘娘"等，一般两到四块，也有几种型号同时出现的，由长者执背在队伍的前头，跟在大锣或罗汉旗的后面。

案头牌

2. 幡旗

主要有阵头旗、神幡、蜈蚣旗、排位旗、祈福旗、队名旗以及警示旗等。

阵头旗。即队旗，通常在罗汉队伍的最前面。红底镶白边或白底镶红边等，写着些吉利的话语，近年也出现了一些宗教人物形象。一般两方，跟在大锣后面；也有些地方把写有乡村名和"罗汉队"的案头旗迎在前面，一般上方横书"献山庙"三个大字，直书乡村名及表演队名；也有由两人拉的横幅式；旗身用铁架或木架支撑，两边镶有锯齿状的花边，旗顶和两肩扎一朵红花或镶流苏穗子，下面镶流苏；也有空白不写字的。

神幡，亦称"长旗"。其

幡旗

蜈蚣旗

阵头旗

阵头旗和幡旗

阵头旗

祈福旗

队名旗

祈福旗

祈福旗

长约6米，每个罗汉队有二十多面，五颜六色，是迎罗汉的主要道具之一。举长旗也是一个力气活。众多神幡列队行进，气势威武雄壮，颇为壮观。

上为钢叉，中为大刀，下为四门叉

蜈蚣旗。源自古代战场两军对垒时的战旗，后来成了走罗汉阵时使用的道具。

回避牌。主要是提示行人注意，一般在队伍前面，上书"行人避让""肃静"等。

四门叉

3. 器械

兵器根据人数的比例以双数配对。

大刀。八把或十几把，数量成双，长1.5—2米，用铁制成。

四门叉。四门叉（小钢叉）由山形铁头和木柄组成，铁头长0.15—0.2米，柄长约1米。比搯叉短，无曲形分叉，成双，一般四把，由少年

器械组合

盾牌

双锏

短大刀与盾

钺斧

操持。

钢叉。由木柄和钢叉头两部分组成，带有三刺的铁制叉头。木柄与叉头之间有两圆形铁圈，铁头下有铁环，可以震响；另一头用碎彩丝装饰；中间木柄用包腹带缠住，便于滚动。六到八把，一般由技术娴熟的成人操持。

短大刀。刀长约0.5米，用铁片或铝片做成。

盾牌。又称"藤牌"，圆形，直径0.5—0.6米，竹篾编织，绘有狮头、虎头或写有"福""禄""寿""禧"等字。一手执刀，一手执盾，多少不拘，由少年操持。

双锏。长约0.5米，木质，可分可合，上面雕刻细碎的菱形。一般为十岁上下的孩子所使用。

红缨枪。长约1.5米，铁尖头，红须。

齐眉棍。长度根据使用者的身高而定,一般竖立时与人眉毛等高,故名。人数不拘,是罗汉队的主体。

钺斧。一种古代的汉族武器,虽具备杀伤力,但是更多的是一些仪卫所用,和使用武器不同。人数不拘,由儿童操持。

棒槌。捶打用的木棒,在农村多用来洗衣服。人数不拘,由儿童操持。

此外,还有一些赤手空拳者,是表演罗汉拳的。同类的排在一起。这浩浩荡荡一白多人的罗汉班,既有大张声势的旗与号,又有十八般武艺中的武器,俨然是一副古代军队的装备。

大锣

4. 鼓乐器

大锣。二人抬着,后面那个还要负责敲打;一般一人肩挑两面大锣,自己敲打面前的那面,后面那面由别人敲打,两面锣的音质不同,雄浑和清

先锋

先锋号

朗的声音交织。罗汉队伍庞大时,前后各有两副大锣挑着。大锣一般
在队伍的最前面。

吹奏乐。先锋号两把或四把,唢呐两把。

敲击乐。锣鼓、大钹、小钹、大锣、小锣各一件。

5. 伴奏音乐

迎罗汉表演伴奏乐器主要为先锋和锣鼓。先锋一般在罗汉队
出发和踩街时,一路长鸣。锣鼓在罗汉队踩街或走阵时一般演奏

唢呐

打击乐队

缙云迎罗汉

大锣

大鼓

《满江红》，根据不同阵式变换锣鼓经。特别是滚钢叉，除了乐队伴奏外，还辅之以急促的口哨声、钢叉滚动时的嚓嚓声和演员的呐喊声。通过伴奏音乐的渲染与配合，使迎罗汉的场面气氛热烈。

伴奏时，先锋曲调一般有两种：

1······ | 1······ | 1··· | 5······ |

15 5555 | 5······ | 15 5555 | 5······ |

锣鼓、钹根据表演动作，变换不同的锣鼓经和节奏速度。常用的锣鼓经有：

（1）《满江红》，用于踩街、走阵、叠罗汉等：

洞洞洞洞 洞洞 | 古洞 洞洞洞 | 匡齐 匡齐 |

‖: 匡齐 令齐 :‖ 匡洞 令 | 匡0 0 ‖

（2）《大魁锣》，用于剪刀阵、滚钢叉等：

‖: 丁齐 0齐 | 齐齐 匡 | 丁齐 0齐 | 齐齐 匡 :‖

（3）《盾牌锣》，用于拳术、棍术单打或对打等：

‖: 丁齐 0齐 | 匡 齐匡 | 齐齐 匡 :‖

（4）《扑灯蛾锣》，主要用于走直编阵等：

‖: 匡 匡 | 匡齐 匡 | 匡齐齐 匡齐 | 匡齐 匡 :‖

（七）服饰

不同村庄有不同的服装搭配。现在介绍几种：

"四股柴"服饰。服装大小因人而异，分上、下装。上装为白短

手持拂尘的小孩

袖,下身红裤,头戴黑色头巾,前面系结,腿绑白色绷带。

仙都叠罗汉队服饰。上装为黄色长袖,服饰上领边绣波浪花纹,下身红裤,腰间绑白色腰带,头戴黄色头巾或者帽。

大洋独脚坊服饰。成人上装为白色长袖上衣,胸前、袖中、后背绣有"强""猛""强""健"等字,下身为红色长裤,裤缝有白色线条,头戴黑色小帽。小孩子身穿戏装,头戴凤冠,手持拂尘。

胡村迎案队服饰。上身穿着对襟衫,下身穿红裤,腿上扎着绑腿。由四五岁小孩扮演,头戴神额,身披花肩,手持拂尘,骑在大人脖子上。

成人背后用红绸带缚一把宝剑或陈十四娘娘牌位，胸前扎着一束红绸花，左手提着一把水壶，水壶上系一条毛巾，右手端瓷碟，食指上扣一根铁丝，一上一下敲动发出声音，还有的拿大竹板或七叶板用手腕甩动发声。

凤冠霞帔

十八狐狸，男的每人头戴大头壳，狐狸头 手持大烟筒，一手持一把扇；女的每人一手持扇，一手持手巾。其他队装饰花样很多，年年有变化创新。

拂尘

方溪罗汉井。上着红色运动衫，下穿灯笼裤。

附：金竹村迎罗汉

农历五月十三是关公生日。金竹村为什么把关公奉为村神？当地村民介绍，早在四百多年前，明万历年间，金竹村中闹瘟疫，村民祈求关公保佑，每求辄应，于是就在村旁为关公建了庙宇，并奉之为大帝。为了不忘关公的恩典，村民们每年以迎罗汉等民俗活动庆贺关公诞辰。

迎罗汉是一种全民性的传统体育活动。金竹村的迎罗汉活动一般每年举办两次，一次是农历五月十三的关公诞辰吉日，一次是重阳节后的九月初十，即赤岩山三将军殿庙会。

迎罗汉活动举办前，首事者必先笼络好一班人手，并选定日子，大家一起吃串鼻酒（所谓"串鼻酒"，就是一旦参加，则不准中途退场。谁要是退场，则这桌水酒的花费要谁出）后，再动手操练。操练时间一般为活动前的十天或半个月。吉日一到，头一天先在村中庙内举行祭旗仪式。仪式内容为求神及在钢叉、棍棒上揩鹅血等。如果是五月十三庙会，罗汉班案队会先到本村的关帝庙参拜，然后在村庄内各处开阔场地表演、迎游。如果是去赤岩山三将军殿，则在九月初四起在壶镇各村巡回表演。初九日休息一天，初十日大清早聚集到三将军殿会案。

罗汉班的组成分为两个部分，即前队与后队。前队有神幡、香亭、铜钱索（俗称"流星"）、大号先锋、锣鼓。后队有罗汉旗、四门刀、响铃叉、四门叉、棍、矛、盾、铜、双刀、雷公拐、罗汉顶等。前队与后对分别以队列形式相接前行。前队抬神像、抬香案，手持各色兵器的队员紧随其后。每当临近迎罗汉，村民根据各自的喜好选择一种兵器。一般来说，少年选择轻巧的四门叉或雷公拐，青年则往往

使用响铃叉，响铃叉
必须有一定的技艺才
能使，要抛向空中，
有一定危险性。四门
刀一般由年纪较长的
人使用。这刀看似简
单，劈起来却要一把
老劲与路数。罗汉班

齐眉棍

手举旗幡，各执武器，浩浩荡荡，一路前行。

　　罗汉班每迎到一个村庄的开阔地，先是由铜钱索清场，即由一
人挥舞流星，或左或右或前或后，舞成各种花样，迫使围观群众让
出表演空地（在南乡一带，则以单刀砍劈动作清场）。随后，以写有
"恭请武圣关公神案一道"或"恭请赤岩山三将军神案一道"的旗
幡为前导进场，接着，神龛迎入。神龛一般有四个，除了关公，还有
本保两个与文昌帝。香亭后边是大号先锋，少的两支，多时有四支
或六支，以红绸绕扎。吹奏进场曲时，先锋由低到高，吹到高潮时，
喇叭口朝天，气宇轩昂。吹奏时配以锣鼓吹打。先锋后边是长旗、蜈
蚣旗，而各色兵器则紧跟在后边。绕场一周后，才开始正式表演。此
时，前队固定一边压阵，后队开始摆阵走队。阵势的大小要根据时
间与场地而定，如时间充裕，场地开阔，则摆的阵就大，阵式也多，

反之则少。阵法有八卦阵、连环阵、梅花阵、龙门阵、结字阵、万字阵、罗成阵等。这摆阵，其实就是模仿古代用兵列阵的方法布阵，人走旗动，锣鼓喧天，呼声四起。接着就是开四门（舞刀花）。中间组成方队四个，或四个大人在一边舞关公刀，四个或八个小孩在另一边舞四门叉，周围数十人则滚响铃叉（钢叉）。滚响铃叉也有许多套路，有仰面从这个手尖到那个手尖左右滚动的，有仰身由手尖到足尖从上到下滚动的，还有在背后由这个手尖滚到那个手尖的，更多的是把飞速转动的钢叉抛向高空，让清脆的金属声震响一片。舞刀花套路一结束，才依次进行各种武术表演。表演有单人打棍（舞棍），有拆棍（双人对练）。矛与盾的操练，则由多名男孩子按方队成对进行比拼。小男孩心灵手巧腿轻，滚、打、翻、扑，变化多端，让人眼花缭乱。武术表演还有舞双刀、舞双锏、打雷公拐、单人舞凳。拳路有单人打罗汉拳、双人拆拳。单人拳名称有大红拳、小红拳、吊马、塌阁、凤凰梳头、七步、小八仙、大八仙、小刀马。有一种套路叫"单荡手"，是由十八个年轻后生排成方队一起打的集体拳。还有倒立行走、转碗、连环拆、扑猪刀等。所谓"连环拆"，就是刀、棍、凳三种武器的大比拼，比拼时刀声铿锵。一时间，刀光人影棍凳混为一团。扑猪刀也称"翻猪刀"，是最精彩、最惊险的一种表演。一张方桌，一人手拿一把锋利的猪刀竖在桌边。表演者扎着腰围，裸露着上身，从不远处轻快地跑过来，一到桌前，腾身跳起，跃过闪亮的刀尖，双手一撑，早已翻上桌子倒立。在欢声雷动中，接着从刀尖上边翻回来。一次又一次翻，每翻一次刀，刀柄下垫上一只鞋，最多时垫上八只鞋。最后的压轴戏是叠罗汉：精壮力大的成人分层叠在下方，小孩子打扮成戏曲人物（俗称"罗汉蕊"）高高在上。叠罗汉可叠成各种形状，如牌坊、荷花、花篮、井、大桥等。叠好后还要按顺时针旋转数圈。叠牌坊视人多少而定高低，一般叠四层，下边的必须是精壮的汉子。第二层的人骑在底层人肩上。一层比一层人少。最上一层是小孩，用罗汉托（像"干"字的木架子）托上，中间的小孩足踩大人肩膀，手拉着前边两人的手。旁边的两人，一手拉一足立，空出的手足则凌空扬起。艺高的罗汉队，往往在最后表演搭大桥。其搭法是数人以一定距离站立，在站立者上各骑一人。上边的人弯腰后仰，以手搭住后边站立的，一一相接。这样，仰面者的肚子就搭成一支人桥，让扮罗汉蕊的小孩从上边走过。表演至此，往往欢声雷动，形成高潮，方告圆满结束。

迎罗汉活动一旦结束，大家回到村里，还要吃一席散场酒。把迎罗汉时从各个明堂、各个村庄收来的粉干等炒起来吃了，并分发余钱，再刀枪入库。

三、迎罗汉的文化价值与表演特征

缙云县迎罗汉活动历史悠久，是民俗活动中较为典型的传统体育游艺项目，其产生和发展与社会上一些重大的历史事件或历史现象紧密地联系在一起。它既是缙云社会发展进程中农耕生活的侧面反映，也是缙云人文历史长河中民族文化多样性的体现。这种民间独特的传统文化表现形式，具有很高的历史研究价值、艺术欣赏价值和社会文化价值。

三、迎罗汉的文化价值与表演特征

[壹]文化价值

1. 历史研究价值

缙云县迎罗汉活动历史悠久，是民俗活动中较为典型的传统体育游艺项目，其产生和发展与社会上一些重大的历史事件或历史现象紧密地联系在一起。它既是缙云社会发展进程中农耕生活的侧面反映，也是缙云人文历史长河中民族文化多样性的体现。这种民

金竹村关帝庙

间独特的传统文化表现形式，具有较高的历史研究价值。

2. 艺术欣赏价值

迎罗汉表演融各种艺术手法于一体，有着鲜明的地方特色和深厚的文化内涵，活动既奔放又严谨，既粗犷又细腻，声势宏大，场面热烈。其中滚钢叉和叠罗汉是游艺项目的精华，动作惊险，造型优美，展示了罗汉队员高超的技艺，具有较高的艺术欣赏价值。

3. 社会文化价值

迎罗汉活动是缙云民间传统文化的一种存在形式，也是缙云民众信仰和文化生活的现实反映。它

金竹村迎罗汉通告

祭旗物品

祭旗物品

包含的文化娱乐、体育竞技、表演艺术等诸多内容，极大地丰富着群众的精神文化生活，促进了社会和谐稳定，弘扬了传统文化和民族精神，繁荣和发展了乡土特色文化，增强了社会凝聚力。

祭旗仪式

祭旗仪式

宰鹅祭旗

宰鹅祭旗

金竹村迎罗汉宣传图

［贰］表演特征

1. 表演动作的惊险性

如叠罗汉表演一般要叠上四五层，最上面的观音或罗汉蕊由五至八岁的小孩扮演，手持道具做出多个花样动作，十分惊险。又如滚钢叉表演，要把钢叉抛到六七米高的空中，落到身上或手上时还能滚动，做到抛接自如，一气呵成。

2. 表演动作的协调性

罗汉班队伍庞大，阵法多变，表演时需要表演者思想高度统一，行动高度一致，才能在走阵、叠牌坊等表演时动作整齐、造型优美。

3. 表演艺术的综合性

罗汉班表演集戏曲、舞蹈、杂技、武术于一体，如戏曲人物的

金竹村迎罗汉氛围浓烈

着装打扮，走阵、顿叉等舞蹈动作，叠牌坊、滚叉等杂技动作，棍术、拳术、抛叉等武术动作等，是表演艺术的综合体现。另外，在音乐方面，以先锋作引导，锣鼓作伴奏，也具有浓郁的乡土韵味和地方特色。

4. 表演活动的广泛性

从古至今，迎罗汉主要在各庙会上表演，后来也在传统节庆、寺庙开光等民俗活动中表演。近来年，又在一些广场文化节、乡村艺术节踩街活动中表演，影响广泛。

5. 历史传承与延续性

历经上千年的发展，迎罗汉活动历代传承人在继承和挖掘前人套路的基础上，不断创新，丰富了这一传统体育项目的内涵。从最开始的驱邪纳福保平安的宗教信仰，发展到今天，不仅是表达祈福的美好愿望，更多的是作为建设和谐社会新农村、丰富农村业余文化生活的重要载体，并集民间艺术、民俗体育于一体，成为宣传、推介民俗文化，扩大影响的手段。

金竹村迎罗汉队伍

6. 民间自发性与自觉性

上千年来，迎罗汉已经成为缙云人民必不可少的节庆活动，世代传承下来。整个活动都是由村民自发组织安排，罗汉头主持，经费也全部由村民自愿捐助筹集，村里的青壮年都认为入选罗汉班是一种荣耀，无论多忙都会放下手头事务，在外打工者也欣然回乡参加活动。每逢节日，全村人的所有日程都围绕着迎罗汉系列活动，体现出这一传统活动的自发性特征。

7. 传统节日的依附性

随着社会的发展，人民生活水平的提高，迎罗汉成为很多重大

金竹村烧纸马

节日的表演节目，给更多的人带去愉悦和快乐，烘托节日气氛，表现出很强的节日依附性特征。它依附于节日而存在，又因能沟通人与人之间的感情、强化集体意识、增添节日气氛、祈求来年平安吉祥而得以保留和传承下来。

8. 民间集体的协作性

迎罗汉的整个活动过程需动用全村的力量才能顺利进行。叠罗汉的所有程式套路，不论动作难

金竹村迎罗汉活动

易，均需若干人通力合作才能完成。造型之间衔接巧妙，变化迅速，人拉人，人叠人，要达到均衡稳定、动静结合的效果，所有人员必须携手并肩，齐心合力，环环相扣。只有大家团结协作，才能将力量与和谐之美融为一体。

四、迎罗汉的传承与保护

迎罗汉活动也受到了现代文明的严重冲击。但因其仍具有满足民众精神需求的作用，且有政府重视，组织领导和经费筹集机制不断完善，同时通过民间及大中小学的传承作用，它已由衰转盛。

四、迎罗汉的传承与保护

[壹] 迎罗汉的传承

(一) 迎罗汉活动的兴衰

在人际交往半径非常有限、频率也极低的古代农耕文明时代，迎罗汉活动让日出而作、日落而息的人们拥有广泛交流的平台和焕发热情的享受。

叠罗汉

但是缙云迎罗汉这一非物质文化遗产项目，在"文化大革命"中被封杀，改革开放以来才逐步恢复活动并转盛。时至今日，全县一年中大的庙会有十三次，参与迎罗汉表演的民众达三四千人，迎罗汉已成为一方地域的民间狂欢节。

滚钢叉表演

随着经济和社会的不断发展以及人们生活观念的变化，扎根于缙云民间的

耍武

迎罗汉活动也受到了现代文明的严重冲击。其他文娱内容的极大丰富，削减了人们对迎罗汉活动的祈望；年轻人外出打工多，且对传统文化亲和力明显减弱；热心迎罗汉事务的首事存在老龄化现象。凡此种种，都对迎罗汉这一传统体育项目的传承造成威胁。

协调一致

　　缙云的迎罗汉活动能够在经历"文化大革命"摧残而起死回生,继而转盛,其兴衰的成因无疑值得我们去探究和分析:

　　(1)民间百姓的精神需求是缙云迎罗汉活动得以生存、发展的根本内因。人类是社会活动的产物,因此,人不仅有必不可少的物质需求,而且有同样必不可少的精神需求。

　　(2)政府重视非物质文化遗产、顺应民心,是缙云迎罗汉活动得以生存发展的重要条件。

　　(3)完善的组织领导和经费筹集机制是缙云迎罗汉活动得以

植根民间

迎罗汉气势磅礴

金竹村迎罗汉活动中设的彩门

活动内容粗犷、古朴

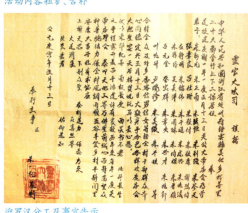

迎罗汉分工及事宜告示

金竹村张贴的公告

中、小学开办迎罗汉课程

生存、发展的基本保障。在形势许可的情况下，任何事情的筹办都离不开有人办事、有钱办事这两条，迎罗汉活动也不例外。缙云县的迎罗汉活动主事村都自发建立了专门的组织机构，负责迎罗汉的组织协调和筹划工作。各村罗汉班也有严密的组织机构，为迎罗汉活动的有序开展提供了保证。缙云县的迎罗汉活动，都有相沿成俗的筹资模式。由公共资金结合募捐、摊派筹集。没有公共资金的主事村，则纯靠募捐、摊派筹集资金。考虑到经费问题，各个案队服装、乐器、道具也都因地制宜。

（二）迎罗汉活动的传承

1. 民间传承

缙云县各罗汉班创建以来，历代都有技艺高超的代表人物，但仍以群体传承为主。由村里精通武艺、迎罗汉程式和技法娴熟的长辈进行言传身教，罗汉班队员之间也会互帮互教，共同提高。

缙云现有迎罗汉传承人省级一人、市级二人：

应设卢　男，1938年8月出生于缙云县前路乡水口村。四岁随父亲应银池（已故）学艺，对迎罗汉的阵法布局等程序了如指掌，目前是该村罗汉队的组织者之一。现已被浙江省文化厅公布为第三批省级非物质文化遗产项目缙云迎罗汉代表性传承人。

郑再强　男，1959年出生，缙云县溶江乡大黄杨山村人。八岁参加迎罗汉表演，每年参加张山寨七七会迎罗汉表演活动。现为村迎罗汉负责人。2011年被评为市级非物质文化遗产项目缙云迎罗汉代表性传承人。

胡笃申　男，1952年出生，缙云县胡源乡胡村人。1972年开始参加迎罗汉活动，为胡村罗汉班主要成员之一。2011年被评为市级非物质文化遗产项目缙云迎罗汉代表性传承人。

2. 中小学校对传统项目的传承

社会在发展，时代在变迁，迎罗汉的内容与队伍也会随之不断变化。随着传承人的不同，有的内容可能暂时失传或消失，这就

儿童表演钢叉舞

儿童参与迎罗汉传承活动

民间传承

需要靠我们去及时抢救。而由于人的喜好不同或生活压力的关系，有的青少年不愿学习迎罗汉技艺。在培养迎罗汉这一"非遗"项目接班人的工作中，缙云部分中小学校起着重要的作用。从2014年开始，金竹村小学成立了少年钢叉队培训班，让"非遗"走进校园。学校利用体育课，利用星期六下午，邀请罗汉班钢叉队的传承人对少年钢叉队的学员进行专门的指导与训练。目前，参与学习与训练的学生有男有女，人数达六十。这六十人经过一个多学期的训练，已学会钢叉的各种表演技艺。其中的三十人还参加了2014年金竹五月十三关公庙会的民俗表演。同年11月，又参加了三溪乡首届油茶文化

"非遗"项目进校园

大学生在田间地头传授铜叉舞

节的民俗表演。

3. 高等院校开办课程

高等学校在民族传统体育发展研究中也发挥着作用。2011年，丽水职业技术学院引入迎罗汉课程，利用人才集中的优势，开展校本教材的编撰，同时向社会传递迎罗汉的传承知识。

[贰]迎罗汉的保护

（1）缙云非物质文化遗产保护中心落实专业人员，以更好地保护缙云迎罗汉等非遗项目。有关乡镇文化站已将罗汉班作为民间表演艺术团体进行登记建档。

（2）每年举办庙会活动时，均由政府牵头，相关部门积极支持，做好安全保障工作，确保各项演出活动顺利进行。

（3）聘请有关专家，对迎罗汉中的动作、程序进行编排，使整个项目更具有观赏性和完整性。做好迎罗汉老艺人的保护和新一代

丽水职业技术学院学生学习迎罗汉

中央电视台拍摄迎罗汉场景

传承人的培养工作，扶持迎罗汉项目的传承和发展。

（4）在保持原有迎罗汉表演风格的前提下，进行挖掘创新，逐步规范表演动作和程式，不断提高迎罗汉的艺术水平，激发迎罗汉艺人的参与意识和表演热情。

（5）制作迎罗汉电视专题片，对外介绍迎罗汉项目，不断扩大其知名度和影响力。编印缙云"非遗"系列丛书，出版迎罗汉表演画册。

（6）保护成效。目前，缙云县已成立迎罗汉活动理事会，负责迎罗汉的保护与传承工作，组织传承人对迎罗汉相关的历史资料进行挖掘整理，开展重大节日和大型活动展演。2009年，缙云迎罗汉被列入浙江省非物质文化遗产名录。同年，缙云被浙江省文化厅命名为"浙江省民间文化艺术之乡"。2010年，缙云迎罗汉被浙江省文化厅列为浙江省传统表演艺术重点培育项目。2011年，缙云迎罗汉入选第三批国家级非物质文化遗产名录。

附录

缙云迎罗汉主要活动形式一览表

序号	地方民俗名称	时间	纪念与信仰	分布地区
1	黄帝祭祀	清明节 重阳节	黄帝	黄帝祠宇周边村庄
2	献山庙会	农历正月十五 农历七月初七 农历十月十五	陈十四娘娘	缙云部分乡镇和山村
3	迎关公	农历五月十三	关公	壶镇镇金竹村 东方镇靖岳村
4	进香庙会	农历七月二十三	杨氏兄弟	东渡镇一带
5	赤岩山庙会	农历九月初十	唐、葛、周三位将军	壶镇镇一带为主
6	迎包公	农历正月初八	包公	壶镇镇宫前村

（续表）

序号	地方民俗名称	时间	纪念与信仰	分布地区
7	迎白衣丞相	农历正月初八	白衣丞相	大洋镇外前村
8	迎观音娘娘	农历二月初二	观音娘娘	前路乡水口村
9	迎朱相公	农历六月初六	朱相公	壶镇镇岩背村、桂村
10	迎三太祖公	农历七月初七	三太祖公	大洋镇前村
11	迎杨三舍人	农历七月十三	杨三舍人	东渡镇仓山村
12	迎胡相公	农历八月初九	胡则	东方镇胪膛、靖岳村
13	迎胡相公	农历九月十四	胡则	横塘岸村

主要参考文献

1. 缙云县志编撰委员会编,《缙云县志》,浙江人民出版社,1996 年 4 月

2. 丽水市文学艺术界联合会编,《丽水民间艺术》,中国文联出版社,2009 年 6 月

3. 潘力峰主编,《处州古韵》,中国戏剧出版社。2011 年 4 月

后记

　　本书是在缙云县委、县政府的正确领导下启动和完成的一个项目，也是缙云县文化广电新闻出版局的工作人员通力合作的成果，更是各乡镇、各村庄热爱迎罗汉的人们细心传教、耐心整合的劳动果实。

　　本书完稿之时，正值电影《百鸟朝凤》受到热议，这让我联想起调查迎罗汉过程中发现参与迎罗汉表演者近八成为耄耋老人时的隐忧。加上新型的扇舞、腰鼓等元素开始冲淡迎罗汉的历史味道，以及迎罗汉活动出现了参与人数逐年减少，规模不断缩小的趋势。这一切，促使我加快了编辑本书的步伐。

　　难以忘记，两年前冒雨前往张山寨参加七七庙会。漫山烛光闪闪，像长龙阵蜿蜒在山间。山顶人山人海，帐篷支满山中每一片空地。从四面八方赶来的拜奉者，聚集在狭小的山谷间。绚丽多彩的烟花，染红了庙会上空。清晨，长长的迎罗汉队伍也赶来，在庙前空地上开始罗汉阵表演……

　　难以忘记，农历五月十三金竹村气势磅礴的迎罗汉阵势，大街小巷挂满祈福的灯笼和横幅，村头旗幡飘扬，迎接八方来客。迎罗汉表演后的烧纸马最为震撼，抬纸马的村民越过古老的小桥，沿着潺潺流淌的琴溪来到关帝庙前，将一家人的寄托和祈望投入燃烧的火堆,熊熊火苗似乎在兆示着今后日子的红红火火……

难以忘记,黄帝祠宇、胡公大帝庙、关公庙、三将军庙等,每一个地方、每一个村庄用同一文化符号诠释着同一个祈求:风调雨顺、国泰民安……

值得欣慰的是,大中小学学生在学校参加迎罗汉活动,缙云迎罗汉项目后继有人。

迎罗汉的编写,涵盖内容太广了,但文献资料奇缺,收集难度大,因此本书不可能将项目内容尽数收入,只能采撷极小的一部分,深感遗憾。其中若有谬误,望读者批评指正。

在本书的撰写过程中,得到缙云县文化广电新闻出版局有关工作人员和胡盛玮先生的大力支持,各乡镇、各村庄乡民们的热心帮助,在此深表感谢。希望通过本书的出版,使广大读者产生认同感和历史感,并激发起对文化多样性及先辈创造力的尊重,共同守护我们的精神家园,使之发扬光大,生生不息。

王德洪

2016年5月

责任编辑：唐念慈

装帧设计：薛　蔚

责任校对：高余朵

责任印制：朱圣学

装帧顾问：张　望

图书在版编目（ＣＩＰ）数据

缙云迎罗汉 / 杜新南主编；蔡银生，王德洪编著
. –– 杭州：浙江摄影出版社，2016.12（2023.1重印）
（浙江省非物质文化遗产代表作丛书 / 金兴盛总主
编）

ISBN 978–7–5514–1668–9

Ⅰ．①缙… Ⅱ．①杜… ②蔡… ③王… Ⅲ．①文娱性
体育活动—介绍—缙云县 Ⅳ．①G899

中国版本图书馆CIP数据核字(2016)第311031号

缙云迎罗汉

杜新南　主编　蔡银生　王德洪　编著

全国百佳图书出版单位

浙江摄影出版社出版发行

地址：杭州市体育场路347号

邮编：310006

网址：www.photo.zjcb.com

制版：浙江新华图文制作有限公司

印刷：廊坊市印艺阁数字科技有限公司

开本：960mm×1270mm　1/32

印张：5.5

2016年12月第1版　　2023年1月第2次印刷

ISBN 978–7–5514–1668–9

定价：44.00元